Der Weg wächst unter deinen Füßen

Reihe: Rhythmus – Atem – Bewegung
Übungsbücher zur Scharing-Eutonie

Herausgegeben von Beate Brandt

Beate Brandt

Der Weg wächst unter deinen Füßen

Mit einem Vorwort von Hannelore Scharing

Matthias-Grünewald-Verlag · Mainz

Die Deutsche Bibliothek – CIP-Einheitsaufnahme

Brandt, Beate:
Der Weg wächst unter deinen Füßen / Beate Brandt.
Mit einem Vorw. von Hannelore Scharing. –
Mainz: Matthias-Grünewald-Verl., 1992
(Reihe: Rhythmus – Atem – Bewegung)
ISBN 3-7867-1616-1

Umschlag: Peter Offenberg Grafik
Foto: KNA
Satz: Roddert Fotosatz, Mainz
Druck und Bindung: Echter Würzburg

ISBN 3-7867-1616-1

Inhalt

Vorwort

von Hannelore Scharing

In den „Erzählungen der Chassidim" von Martin Buber steht folgende Geschichte:
Der Krug
Der Baalschem sprach einmal zu seinen Schülern: „Wie im Blatt die Kraft der Wurzel, so ist in jedem Gerät die Kraft des Menschen, der es gemacht hat, und dessen Beschaffenheit und Gebaren sind daraus zu erkennen." Da fiel sein Blick auf einen schönen Bierkrug, der vor ihm stand; er deutete darauf und sprach weiter: „Ist es diesem Krug nicht anzusehen, daß ihn ein Mann ohne Füße gemacht hat?"
Als der Baalschem geendet hatte, nahm einer der Schüler von ungefähr den Krug, um ihn auf die Bank zu stellen. Aber sowie er darauf stand, zerfiel er in kleine Brocken (Martin Buber, Die Erzählungen der Chassidim, Manesse Verlag Zürich 1949, S. 161).
Das Gesagte und Gemeinte ist eigentlich nur zu verstehen, wenn einem der Leib so bekannt und gegenwärtig ist, daß auch die Füße dabei sind. Meiner Erfahrung nach gibt es kaum Menschen, die z.B. ihre Zehen spüren oder wahrnehmen können, auch nicht, wenn sie hinschauen. Wenn Schmerz durch Erkrankung vorliegt, ist das allerdings wieder anders. Vielleicht ist Schmerz für manche Menschen eine gute Chance, sich mit ihrem Leib zu befreunden.
Vor meiner Zeit des leibhaftigen Übens habe ich mir beim Wandern oft die Fußgelenke verstaucht. Dies ist nicht mehr passiert, als ich mir meiner Füße durch Bewußtseinsübungen und bewußtes – nicht mechanisches – Einölen gegenwärtig wurde. Ähnliches wird auch im Text von Margot See (siehe S. 20) in diesem Buch erwähnt.
Sich seiner Füße bewußt werden ist ein Weg und eine Möglichkeit, freier und eventuell gesünder zu werden. Das erwies sich bei einer Frau mittleren Alters, die nur mit einem rechten Bein geboren war. Nach ähnlichen wie nachstehend im Buch besprochenen Übungen erfuhr sie bewußtseinsmäßig auch ihr linkes Bein. Wegen starker Herz- und Hüftgelenkbeschwerden fragte sie mich um Hilfe und Behandlung. Sie bekam zunächst die Aufgabe, sich bis zu ihrer ersten Unterrichtsstunde in vierzehn Tagen vorzustellen, sie habe ein linkes Bein. Als wir dann zu üben anfingen,

sagte sie mir, daß ihr diese Aufgabe nicht gelungen war. Das war gar nicht schlimm, sondern nur verständlich – aber ihr Bemühen hatte doch schon Früchte in sich. Wir übten in einer Woche zweimal täglich am Boden. Das linke Bein wurde als selbstverständlich *da* angesprochen und geübt. Die Frau trug eine Prothese.

Als es am achten Tag bei mir klingelte, kam jemand die Treppe herauf, den ich nicht am Schritt (sprich: Ton-Klang!) wie sonst erkennen konnte. Ich mußte hinschauen. Es war besagte Patientin, die früher als vereinbart gekommen war. Ein Gedanke tauchte wie selbstverständlich in mir auf: Sie hat ihr linkes Bein! – Sie selbst sagte mir freudig, daß sie heute so leicht mit ihrer Prothese lief und einen neuen, anderen Gang hätte. Ja, das konnte ich auch an ihrem Stand sehen. (In der Folge erholten sich später auch Herz und linkes Hüftgelenk.)

Wenn also der Mensch ganz in seinem Leib sein kann, beginnt oft ein neues, anderes Da-Sein. Von daher gibt es auch andere Klang-Verhältnisse. Der Ausdruck „Ich bin heute gut gestimmt" oder das Gegenteil „mißgestimmt" stammt aus dem Volksmund und besagt die gleiche Situation.

„Der Weg wächst im Gehen unter deinen Füßen ..." bedeutet ja auch, *unter* den Fußsohlen zu sein. Diese Einstellung bringt noch mehr Aufrichtekraft und Leichtigkeit des Ganges. Kein Wunder, daß ...!? – Jeder Schritt ist ein Stück des Weges, ist Unterwegs-Sein im Innesein und Dasein. Gehen – stehen – innehalten – weitergehen. Bewußte Füße, bewußte Schritte meinen den ganzen Menschen. Am Ende eines *so* gegangenen Weges wundert sich der Mensch über das geschenkte Ziel und den gegangenen Weg.

Gernsbach, am 15. August 1991

Einleitung

„Der Weg wächst im Gehen unter deinen Füßen, wie durch ein Wunder.“ *(Reinhold Schneider)*

Wen wundert es, daß immer mehr Menschen zu Beginn der Kurse in RHYTHMUS–ATEM–BEWEGUNG (Scharing-Eutonie) den Wunsch äußern: „Ich will etwas dafür tun oder es geschehen lassen, daß ich mehr vom Kopf weg und zu meinen Füßen komme“?

Die Kopflastigkeit, das Sich-Behaupten und Sich-behaupten-Müssen um jeden Preis, erscheint selbst wie eine Gestalt mit sieben Köpfen, die bei Verlust ständig nachwachsen. Unsere Zeit und Gesellschaft, d.h. wir Menschen im allgemeinen, rüsten uns aus mit vermeintlichen Haupt-Sachen und verlieren dabei weitgehend die wahre Grundlage des Menschseins: die herzliche Einsicht in unsere Geschöpflichkeit und die beheimatende Verbindung zum Schöpfergott. Das ermüdet, macht bei allem Geschick zur Selbstbehauptung mehr selbstunsicher, es kränkt und macht krank.

Ich entsinne mich noch gut an meine eigene Zeit, in der ich vorwiegend über Selbstbehauptung hin existierte – oder glaubte, besser existieren zu können. Gründe gab es augenscheinlich genug dafür:

- die fromme Ungeduld mit erstarrten Lebensmustern und festgefahrenen Heilsplänen;
- der innere Zwang, Lebenswertes und Liebgewonnenes zu verteidigen;
- die vermeintliche Kraft, das Rechte und Richtige durchsetzen zu können;
- eine fast bedrängende Art von Weitsicht in Dinge, die notwendigerweise irgendwann geschehen mußten;
- das eingeborene Recht und die Pflicht, menschenwürdige Freiheit für sich und andere zu ermöglichen.

Über diese Art der gutgemeinten Selbstbehauptung, die durchaus anderen Vorteile bringen sollte, bahnte sich jedoch kein durchgreifender Wandlungsweg an, am wenigsten in mir selbst. Oder – so kommt mir jetzt die Frage – gehörte auch diese Behauptungsstrecke zum Weg, not-wendig, weil sie mich ad absurdum führte? So ging es nicht.

Im Üben der Scharing-Eutonie erlebte ich zur gleichen Zeit immer den „Weg zu den Füßen“ – über Jahre hin. Auch dabei geschahen bereits wundersame Dinge, ließen heilsame Erfahrungen aufhorchen.

- Je mehr die Füße leibhaftig integriert dasein konnten, desto freier wurde der Kopf- und Schulterbereich. Druck- und Stauungsgefühle verschwanden allmählich. Denkvorgänge verliefen ungehinderter, überholte Denkmuster ließen sich eher verabschieden.
- Ein Zusammenhang zwischen der Kreuzbein-Beckenregion und den Füßen wurde zunehmend erfahrbar, und das verlebendigte das Lebensgefühl. Die Erfahrungen beim Stehen, Gehen und Sitzen, auch im Alltag, wurden ganzheitlicher. Manchmal „arteten sie aus" in ein kleines, stilles Glück: Ich selbst bin im Stehen, Gehen und Sitzen anwesend – vom Grund her.
- Die Verbindung von den Unterschenkeln zu den Füßen hin vermittelte mir weitgehend die Gewißheit, daß ich in meinem eigenen Grund und Boden angekommen und zu Hause bin, lebensgeschichtlich und existentiell. Diese Gewißheit und die lebendige Kraft im eigenen Grund (auch bei anatomisch schlechten Füßen!) richtete von innen her auf und schenkte eine wachsende neue Gewähr und Gewißheit: Ich als der Mensch, der ich bin, bin als PartnerIn Gottes aufgerichtet – um von innen her hören zu lernen. „Stell dich auf deine Füße, so will ich mit dir reden" (Ezechiel 2,1).

Und somit wird der Weg zu den Füßen zum Weg unter den Füßen, der im Gehen wie ein Wunder wächst. Einerseits erlebe ich es als etwas ganz Natürliches, daß sich bewußt gelebten Menschenfüßen ein Weg bahnt. Tag für Tag erschließen sich Schritte, lockt die gemäße Richtung, verbietet sich Fremdgeführtes. Andererseits haftet diesem Gehen auf dem Weg wirklich Wundersames an. Das Gehen wird trotz und in eigener Entscheidung immer mehr zu einem Geführtwerden. Dieses Zusammenspiel bewirkt das Wunder des wachsenden Weges. Nicht die eigene Haupt-Regie und nicht ein träg-erschlafftes Abwarten lassen den Weg des Lebens erblühen.

„Der Weg wächst im Gehen unter deinen Füßen, wie durch ein Wunder."
Du brauchst deine bewußten Füße, und du brauchst ein wenig Vertrauen. Du brauchst nicht unbedingt zu wissen, wohin dich der nächste Schritt führt. Du wirst vielleicht erstaunt die letzten und vorletzten Schritte nochmals anschauen – und dankbar sein für die lebendige Kraft, die dich führend und begleitend bewegte. So kannst du dich dem kommenden Weg-Wunder anvertrauen, das sich bereits angedeutet hat.

Der Weg und das Wunder.

Es geht nicht anders – das ist sicher kein Wunder –, daß sich nun beständig der ins Spiel bringt, der von sich sagte: *Ich bin der Weg.*

Er wird alles in allem sein. Er wird auch unser Weg, unser Lebensweg letztlich sein, wenn wir vom Grund her an uns geschehen lassen, daß er dieses Wunder wirkt. Und dazu ist gut genug dein und mein Gewordensein. Dazu ist gut genug dein und mein familiärer Hintergrund. Dazu sind gut genug deine und meine Begabungen und Begrenzungen. Dazu sind gut genug deine und meine Licht- und Schattenseiten. „Der Weg wächst im Gehen unter deinen Füßen, wie durch ein Wunder." Nicht im Verharren und Kleben, sondern im Gehen.
Damit all dies ein wenig mehr in Gang kommen und Übende mehr daran teilhaben können, bietet sich dieses Buch als Weghilfe an. Einige Kapitel ermöglichen Einsicht in psychologisch-anthropologische Hintergründe, in anderen sind anatomisch-physiologische Zusammenhänge aufgezeigt, die die eutonische Arbeit mit den Füßen verständlicher machen können. Das Übungskapitel bringt für die TeilnehmerInnen an Kursen die Übungsfolgen in knapper Auswahl in Erinnerung. Abschließend finden sich meditative Gedanken – ausgehend von der Evangelienperikope der Fußwaschung.
Während dieses Buch entsteht, gehen gute Weg-Wünsche an alle, die sich als Übende unterwegs wissen.

Gernsbach, am 4. September 1991 — Beate Brandt

Kapitel 1
Auf die Füße kommen

Bei allen Übungen in „Rhythmus-Atem-Bewegung/Scharing-Eutonie“ kommt den Füßen und dem Fußbewußtsein eine grundlegende Bedeutung zu. Der leibhaftige Grund, die Füße, werden bei allen Übungsansagen aufgesucht, erweckt und erspürt – und dadurch gleichsam als bewohnbar erfahren. Die Übungsrichtung geht dabei vom Becken über die Beine zu den Fersen hin, von der Ferse über die Fußsohle zur Großzehe und den anderen Zehen. Wenn der obere Körperbereich (vor allem Schultern, Hals, Arme) in irgendeiner Weise übend angesprochen wird, soll die Ferse oder der ganze Fuß mit im Bewußtsein bleiben. Gewiß gelingt dies erst nach längerer Übungszeit und konsequentem Übungsverhalten. Jedoch auch schon die Einstellung in dieser Weise wirkt heilend und integrierend. Es kostet freundliche und wiederholte Mühe, überrascht aber auch mit der Erfahrung von Ganzheit, von Kopf zu Fuß dasein zu können.

Einsicht in anatomische Struktur und Funktion des Fußes

von Erika Hummel

Zur Anatomie des Fußes im Rahmen dieses Buches etwas zu sagen bedeutet, sich zu beschränken. Obwohl der Fuß – im Körperganzen betrachtet – einen kleinen Raum einnimmt, ist er in seiner Bedeutung fürs Ganze so groß, daß damit ein eigener Sonderband zu füllen wäre.
Wenn man die Strukturen des Fußes einfühlend betrachtet, fällt eine Vielzahl von unterschiedlich geformten Knochen und Knöchelchen auf, die wiederum mit einer Vielzahl von Gelenkflächen untereinander verbunden sind und die Gestalt des Fußes formen. Auffallend sind die karg geführten, teilweise eng eingelagerten kurzen Muskeln; viele Sehnen, die an Seile erinnern, die gleich Zügeln die Verbindung zum Unterschenkel bilden. Dort sitzen die umfangreicheren langen Muskeln für die Beweglichkeit des Fußes (in der relativ geringen Möglichkeit der Großmotorik). Der Bewegungsumfang ist, gemessen an anderen Gliedmaßen, nicht sehr groß.

Der Fuß hat zunächst die *Last des ganzen Körpers* zu tragen. Diese Tragfähigkeit erhält er aus seiner Architektur und seiner Elastizität in Gelenken, Muskeln, Sehnen und dem Bandapparat. Zum weiteren hat der Fuß durch Bau und Elastizität seiner Gewebe die Fortbewegung des Menschen anzuführen.

Der Fuß verkörpert, verdichtet auf kleinem Raum, große Belastbarkeit bei gleichzeitiger „grober" Beweglichkeit – begleitet von geführter Elastizität zur Verteilung der Lasten auf Fersen- und Vorderfuß. Er bringt ein Potential an Standfestigkeit als lebendige (elastische) Antwort auf Belastung; er birgt aber auch die dynamischen Möglichkeiten von Vorwärts, Rückwärts, Seitwärts, Einwärts und Stehenbleiben in sich.

Das Fußskelett besteht aus drei Abschnitten:

1. der Fußwurzel (Tarsus)
2. dem Mittelfuß (Metatarsus)
3. den Zehen (Phalanges)

Zu 1.: Die Fußwurzel besteht aus den Fußwurzelknochen (Ossa tarsi),
d.h. dem Sprungbein (Talus)
dem Fersenbein (Calcaneus)
dem Kahnbein (Os naviculare)
dem Würfelbein (Os cuboideum) und
drei Keilbeinen (Ossa cuneiformia),

also insgesamt sieben Knochen, die untereinander gelenkig verbunden, aber ebenso über Gelenke mit dem 2. Fußabschnitt, dem Mittelfuß, verbunden sind.

Zu 2.: Der Mittelfuß besteht aus fünf länglichen Knochen (Ossa metatarsalia). Diese sind gelenkig mit den Zehen verbunden. Die Basis des 5. Mittelfußknochens springt im Bereich ihrer Seitenfläche stärker hervor und bildet mit diesem Vorsprung am äußeren Fußrand eine leicht ertastbare Orientierung.

Zu 3.: Die Knochen der Zehen (Ossa digitorum pedis)
Die Großzehe besitzt nur zwei Zehenglieder, die 2., 3., 4. und 5. Zehe haben jeweils drei Zehenglieder, die gelenkig verbunden sind. (Die Kleinzehe hat öfters auch nur zwei Zehenglieder.)

Auf die Vielzahl von Muskeln, Sehnen und Sehnenscheiden und Bändern, die die Funktion des Fußes mitgestalten, wird hier nicht eingegangen. Ergänzende Literatur finden Sie in einschlägigen Fachbüchern.

Soweit zur persönlichen Anregung diese kleine Einführung in das Fußskelett. Auch die Abbildungen im Anhang wollen Sie animieren, sich mit dem Wunder „Fuß" weiter zu befassen.

Für Stand und Bewegung ist das obere Sprunggelenk (siehe Abb. 8) zwischen Schienbein (tibia) und Wadenbein (fibula) und dem Fußwurzelknochen (talus) von Bedeutung. Hier kann der Unterschenkel gegen den Fuß und umgekehrt bewegt werden. Es ist ein reines Scharniergelenk um eine Querachse, das die Dorsal- und Plantarflexion zuläßt (siehe Abb. 2).
Das Ausmaß der Bewegungen unterliegt starken individuellen Schwankungen. Beim Beobachten lassen sich hier bereits viele Erstarrungen und Bewegungseinschränkungen erkennen. Dabei ist das obere Sprunggelenk in seiner Beweglichkeit so wichtig für den gesamten Organismus, z.B. auch als Venenfluß-Anreger. – Das untere Sprunggelenk liegt im Bereich der Fußwurzel, zwischen Sprungbein/Fersenbein und Kahnbein (siehe Abb. 4). Es besteht aus zwei Gelenken, einem vorderen und einem hinteren, welche in funktioneller Hinsicht das eine Gelenk bilden. In diesem Gelenk finden die Bewegungen in einer Längsachse statt. Es sind die Umwendebewegungen des Fußes:

- Pronation = Hebung des äußeren Fußrandes und
- Supination = Hebung des inneren Fußrandes.

Oberes und unteres Sprunggelenk arbeiten zusammen, so daß mehrere Bewegungen gleichzeitig ausführbar sind, was ja unbedingt nötig ist, um elastisch z.B. auf unebenen Untergrund (Waldboden, Schotterweg u.a.) reagieren zu können. Das untere Sprunggelenk hat einen besonders hohen Druck auszuhalten. Der talus, das Sprungbein, versucht, belastet mit dem Gewicht des Körpers, die Knochen des Fußgewölbes auseinanderzutreiben. Der Knochenbau des Fußskelettes ist jedoch so geartet, daß die Last verteilt wird – nach vorne zum Vorderfuß und nach hinten zur Ferse. – Ein wichtiges Band unterstützt die Belastbarkeit des unteren Sprunggelenkes, z.B. bei plötzlichen Druckschwankungen.
Die Mittelfußknochen tragen das Ihre zur Weiterleitung der Lasten zum Vorderfuß bei – und auch zur Architektur des Fußgewölbes. – Die Zehen sind wichtig für das Abrollen des Fußes beim Gehen. Im Stand sind sie wichtig für das Gleichgewicht. Die Großzehe hat beim Gehen und Stehen eine wesentliche Funktion.
Für die bedeutsame Aufgabe des Tragens ist der Fuß mit einem Längsgewölbe und einem Quergewölbe ausgestattet. Diese Gewölbe werden mitunterhalten von Bändern, Sehnen und Muskeln, die auch reflektorisch den von oben kommenden Kräften entgegenwirken (siehe Abb. 6).
Schließlich sei noch auf die innere Architektur der Fußknochen hingewiesen. Im Inneren sind die Knochenbälkchen entsprechend der auf sie einwirkenden Kräfte geformt. Sie weisen Belastungslinien auf. Solche sind

z. B. auch vom Hüftkopf her bekannt. Zwischen den Knochenbälkchen sind Luftkammern, die auch ihre druckdämpfenden Wirkungen haben dürften. – Es sei noch kurz bemerkt, daß allein der Ferse mit dem Fersenbein und dessen Architektur eine wissenschaftliche Arbeit gewidmet wurde, und zwar von dem Humanembryologen Prof. Dr. Erich Blechschmidt.

Abschließende Gedanken, gefolgert aus Beobachtungen

Verglichen mit der Hand, die eine ähnliche Struktur aufweist, hat der Fuß eine andere Aufgabe. Er hat eine tragende Funktion für die Aufrichtung und den Stand – und dazukommend für die Bewegung. Sein Bewegungsumfang ist weit geringer als der anderer Gliedmaßen. Aber er weist eine Zunahme an Elastizität in seiner Gliederkette auf, die eben für die Verteilung der auf ihn treffenden Lasten von oben und unten wichtig ist.
Die Elastizität, das elastische Zusammenspiel aller Strukturen, ist beim Fuß sehr auffallend. An ihm läßt sich viel auf den Menschen Übertragbares ablesen und lernen. Wir setzen im gesamtmenschlichen Bereich anstelle von „Elastizität“ auch die Begriffe wie: Leben – Lebendigkeit – Belebtsein – Tonus – Spannung – Atem – Antwort.
Wieviel erstarrte, erkaltete, weggeschobene Lebensgeschichte, Angst, mangelndes Vertrauen oder Enge drücken Füße oft in all ihren Geweben aus! Weil die Füße unweigerlich mit dem ganzen Nervensystem, das den Menschen widerspiegelt, verbunden sind!
Oft ist der Fuß, ähnlich wie Nacken und Kopf, eine der letzten Bastionen des Festhaltens, des Eigensinnes, der Starrheit oder „Sturheit“, des Verneinens. Ein solcher Fuß kann nicht lassen im Kontakt zur Umwelt – und sich nicht erneuern im Wandel. Eine solche „Fußbastion“ hat verheerende Rückwirkungen auf den ganzen Leib. Ein solcher Fuß fängt Erschütterungen vom Gehen nicht auf, und er verwandelt sie nicht mehr. Beine, Becken mit Kreuzbein, Wirbelsäule und Kopf leiden, sie bekommen „grobe Schläge“. Zumindest jedoch büßen sie an Lebendigkeit ein. – Schlagartig erkannte ich in einem Kurs: Befreiung geschieht zu den Füßen hin – im Kontakt. Und: Freiheit kommt von den Füßen her – im Kontakt.
Ein befreiter Fuß ist schließlich ein „Fuß zur Hingabe“ an das Dasein. Ein Fuß kann nur frei werden durch bewußten Kontakt. Das ist konkret, leibhaftig gemeint. Erst indem der Mensch bewußt Kontakt mit der Fußsohle

zum Boden, zum Strumpf oder zur Luft nimmt, kann er ganzheitlich den Weg zum Lassen und zur Hingabe finden. So ist der Weg zu den eigenen lebendigen Füßen eng mit *dem* Weg verbunden, der im Gehen unter diesen Füßen wie durch ein Wunder wächst.

Ein Mensch kommt auf die Füße. Erfahrungsbericht

von Margot See

„Verlieren Sie bitte nicht Ihre Füße!" Dieser Satz von Frau H. Scharing wird mich mein ganzes Leben hindurch begleiten. Er ist sehr kurz, aber für mich ist er wegweisend, sogar lebensrettend geworden. Lebensrettend deswegen, weil ich, bevor ich zur Scharing-Eutonie kam, meine Füße „verloren" hatte. Natürlich wußte ich, daß ich Füße hatte, und doch gehörten sie nicht zu mir. Ich besaß einen Körper, spürte ihn aber nur dann, wenn ich Schmerzen hatte, wenn es mir nicht gutging. Ich war wenig *in* meinem Körper anwesend.

Über eine Kollegin aus dem Kinderdorf, in dem ich lange Jahre arbeitete, erfuhr ich etwas über „Rhythmus-Atem-Bewegung". Sie übte schon einige Zeit, und ich beobachtete dies mit erstaunten Augen. Es erschien mir ungeheuerlich, „was da vor sich ging". Ich beobachtete ihre Veränderung und konnte es kaum fassen, was sich bei ihr tat. Den Mut, sie zu fragen, wie sie dies schaffte, hatte ich anfangs nicht. Wie gesagt, hier ging es bestimmt nicht mit „rechten Dingen" zu, so meinte ich. Sie jedoch hatte den Mut, mich zu einem ersten Kurs zu schicken, als sie bemerkte, daß es mir gesundheitlich und auch seelisch immer schlechter ging. Und ich ging tatsächlich. Es war im Jahr 1981.

In diesem Kurs bei H. Scharing machte ich dann die Erfahrungen, die für mich lebensbestimmend werden sollten. Staunend und unwissend über all das, was sich in mir ereignete, war ich von einer inneren Kraft so überzeugt, daß ich mit „Rhythmus-Atem-Bewegung" endlich den Weg gefunden hatte, den ich schon lange Jahre suchte. Dennoch war ich zunächst sehr verwirrt wegen dem, was mit mir an Veränderungen geschah. Ich konnte all die Dinge, die ich wahrnahm oder hörte, nicht einordnen. Aber ich war sicher: „Dies ist mein Weg."

Zum ersten Kurs sei noch gesagt, daß er sehr schmerzhaft für mich war. Das Liegen auf dem Boden war für mich ungewohnt und das Kontaktneh-

men so ungewöhnlich, daß ich es einfach nur geschehen ließ. Das Üben in der Rückenlage empfand ich dann später, nachdem ich die ersten Widerstände überwunden hatte, als angenehm und wohltuend. Vom Liegen auf dem Bauch mit seitlicher Lagerung des Kopfes habe ich eine sehr schmerzhafte Erinnerung. Ich konnte meinen Kopf weder zur einen noch zur anderen Seite lassen. Meine beiden Großzehen brachen mir bei der entsprechenden Lagerung des Fußes fast ab. Mein Lendengebiet brannte wie Feuer, und ich „brach mitten durch". Bei diesem Üben in der Bauchlage habe ich oft gestöhnt und gebetet: „Lieber Gott, laß es bald vorbei sein; ich kann nicht mehr!" Irgendwie schaffte ich es dann doch.
Das Üben mit dem Eschenholz im Nacken blieb mir vom ersten Kurs bis heute in bester Erinnerung. Auch diese Art der Übung verursachte zunächst Unbehagen und Schmerzen, aber das Gefühl, es tut gut, war vorherrschend. Zum ersten Mal bemerkte ich eine etwas entspanntere Situation in meinem Lenden- und Nackengebiet. Darüber war ich sehr glücklich.
Wir übten dann auch den Stand, das Stehen mit den Füßen auf dem Eschenrundholz. Diese Übung war für mich unmöglich. Ich war nicht in der Lage, mit den Füßen auf das Holz zu kommen, darauf zu stehen. Mir wurde übel und schwarz vor den Augen. Nur im Sitzen konnten meine Füße Kontakt zum Holz suchen und finden. Und dabei merkte ich wiederum, wie gut mir diese Übung tat.
Das Erkennen von Zusammenhängen meiner ersten Erfahrungen untereinander und zu meinem bisherigen Weg und Gewordensein war mir zu diesem Zeitpunkt noch nicht möglich. Wichtig war für mich, daß Frau H. Scharing mir anbot, zu ihr in Einzelbehandlung zu kommen. Die Erfahrungen und Veränderungen, die dabei ausgelöst wurden, waren für mich wahrhaftig lebensrettend und wegweisend.
In der ersten Woche dieser Einzelbehandlung nahm Frau H. Scharing „nur meine Füße in ihre Hände". Zunächst fand ich dies, offengestanden, sehr eigenartig. Mich schmerzten doch nicht meine Füße; vielmehr bedurften Hals, Nacken, Brustwirbel, Lendenwirbel der Zuwendung und Hilfe. Von langjährigen krankengymnastischen Übungen her waren mir spezielle Vorgehensweisen hierfür vertraut, und ich ging davon aus, daß jetzt ähnliches unternommen würde. Nichts von dem passierte! Nur meine Füße spürte ich in heilsamen Händen. Nach einigen Stunden fühlte ich, daß irgend etwas in Bewegung kam, erkannte aber immer noch nicht die Beziehung und Bedeutung dessen, was passierte. – Frau Scharing sprach mit mir über die Bedeutung der Füße und eines wachen Fuß-

bewußtseins. Erst jetzt wurde mir klar, daß ich all die Jahre „ohne meine Füße" gelebt hatte.
Wie ein Säugling, der von seiner Mutter abgenabelt wird, weinte ich innerlich, als ich mich am Ende der Woche auf die Füße gestellt erfuhr und das Wort vernahm: „Verlieren Sie bitte nicht Ihre Füße bei all dem, was Sie tun!" – Zum ersten Mal hatte ich Kontakt zu meinen Füßen, sollte allein stehen – ohne die behütenden Hände einer „Geburtshelferin". Ich erinnere mich noch genau daran, was ich antwortete: „Ich will noch hierbleiben. Ihre Hände tun meinen Füßen einfach gut." In ihrer bestimmten Art reagierte Frau Scharing darauf: „Sie können jetzt gehen, aber bitte mit Füßen!" – Mit diesem Auftrag war ich entlassen und versuchte, meinen Weg zu gehen. Von daher ist mir das Thema meiner Diplomarbeit „Auf die Füße kommen" (Herbst 1990) ein großes Anliegen, und das aufgetragene „Gehenlernen", d. h. mit beiden Füßen im Leben stehen, wird richtungsweisend. Es war so, als ob ich nach langer Krankheit wieder „auf die Beine, auf die Füße kam".
Mein weiterer Weg bis heute war mühsam, schwierig, schmerzensreich, aber auch ein glücklicher, froher Weg, mit Freude und Spaß am Leben. Ich mußte lernen, Dinge neu zu sehen, und lernen, altvertraute Gewohnheiten zu lassen. Ich wagte, neue Beziehungen einzugehen und alte Beziehungen, die letztlich keine mehr waren, zu lassen.
Ein weiterer Grund, warum mir das Thema meiner Examensarbeit ein persönliches Anliegen wurde, ist der Veränderungsprozeß meiner Füße: Ich erwähnte schon, daß ich, bevor ich zur Übungsweise „Rhythmus-Atem-Bewegung" kam, meine Füße „verloren" hatte. Ich erlebte sie nur als verkrampften, verbildeten, verkrüppelten, schmerzhaften Körperbereich. Schon als kleines Kind steckte man mich in entsprechendes Schuhwerk mit schrecklichen Einlagen. Hinzu kam in der Jugendzeit das Tragen von zu engen Schuhen mit hohen Absätzen. Meine Füße verformten sich derart und schmerzten, daß ich es bald in keinem Schuh mehr aushalten konnte. Ich sehnte mich jedes Jahr nach Frühling und Sommer, damit ich offene Schuhe tragen konnte und sich meine Füße etwas erholen und wieder ausbreiten durften. Inzwischen hatten sich meine Großzehen derart verformt, daß sie nach oben und zudem nach seitlich rechts und links hin orientiert standen. Alle Strümpfe und auch nach kurzer Zeit das Schuhwerk waren an entsprechender Stelle bald durchbohrt. Die zweite Zehe hatte sich fast ganz unter die Großzehe geschoben, und das Nagelgebiet war bereits deformiert. Der Nagel hatte sich zur Hälfte zurückgebildet. Die dritte Zehe begann die Flucht nach vorne und wuchs ganz einfach

in die Länge. Die vierte Zehe war unscheinbar klein. Die Kleinzehe hatte sich ganz unter der vierten versteckt; sie war weder fühlbar noch sichtbar. Das Zehenballengebiet brannte ständig wie Feuer. Der Mittelfuß war durchgetreten und müde. – So stolperte ich mit diesen Füßen durch die Welt und war schon in jungen Jahren „fußlahm".

Das schrittweise Erkennen, daß ich bei meinen Füßen ansetzen mußte, um mich neu aufzurichten, geschah während der Ausbildung im Großen Seminar. Frau H. Scharing sprach oft eindringlich und neuartig über die Füße, manchmal „nur" in einer Art Zwischenbemerkung, und wir hörten zu und staunten. „Man wird seelisch angesprochen, wenn man die Füße anspricht. Sprechen Sie mit Ihren Füßen. – Es stimmt nichts, wenn der Grund nicht stimmt." Sie zeigte uns u. a. eine Fußbehandlung, die ich bis heute keinen Tag unterlasse. Sie gehört zum Tagesablauf wie das Frühstück oder eine andere Mahlzeit. Am liebsten mache ich diese Fußbehandlung, zu der ich ein gutes Massage-Öl benutze, am Morgen, um mich so für den Tag vorzubereiten, um auf die Füße zu kommen, um den Tag besser zu bestehen. Nachdem ich die Füße geölt habe, nehme ich den jeweiligen Fuß in beide Hände, nehme dazu Kontakt und verweile zunächst ganz einfach so. Von der Ferse, teilweise auch vom Achillessehnengebiet her, streife ich dann mit einer Hand über die ganze Fußsohle und über die einzelnen Zehen ab. Ganz bewußt und mit fürsorglicher Hinwendung geschieht dies. Die andere Hand bleibt im Kontakt zur Ferse oder zum Sprunggelenk. Dieses Abstreifen wiederhole ich mehrmals – immer von der Ferse ausgehend zu den Zehen hin. Oft fasse ich jede einzelne Zehe spürsam und wie liebevoll mit den Fingern rundherum an, damit sie wacher wird. – Im Nachspüren beobachte ich eine belebende, erfrischende Wirkung und Klarheit im Kopf und im Rücken. Die Müdigkeit am Morgen verwandelt sich in Frische und Lebendigkeit. Nachdem beide Füße geölt und behandelt wurden, komme ich bewußt in den Stand, nehme Kontakt zum Boden mit der ganzen Fußsohle von der Ferse bis zum Zehengebiet. Dabei spreche ich auch besonders die drei Fußpunkte an: siehe Zeichnung Seite 21.

Es brauchte sehr lange, bis ich die ersten Veränderungen meiner Füße beobachtete. Der Fuß bekam eine ganz andere Form. Die versteckten Zehen kamen langsam zum Vorschein und bildeten sich in einer für mich beglückenden *geraden* Form aus. Die Großzehen wuchsen ein wenig geradeaus und waren nicht mehr so stark nach oben und seitlich verformt. Das gesamte Zehenballengebiet wurde breiter, so daß sich die fünf Zehen dehnen und ausbreiten konnten. Dadurch wurden sie gleichzeitig

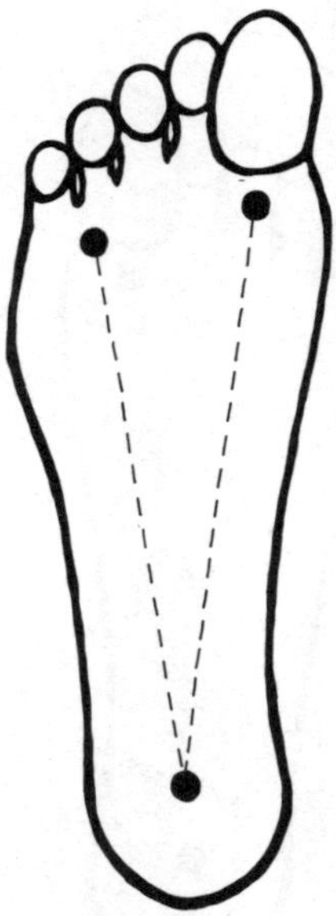

beweglicher. Ich bin glücklich, daß all dies geschehen konnte, vor allem aber, daß sich meine Zehen wieder spielerisch bewegen lassen. Meine Füße wurden freier, wacher und bewußter, und ich spürte die große Chance, die ich hatte, mich von den Füßen her neu aufzurichten.
Nicht nur mein Körper, sondern auch mein Denken und Fühlen, mein kopflastiges Dasein schrien nach Befreiung. Ein langer, schwieriger Weg war für mich zu gehen. Schritt für Schritt wagte ich es mit einem ständigen Wegbegleiter, mit dem Wort, das sich mir auch ins Herz geschrieben hatte: „Verlieren Sie nicht Ihre Füße bei all dem, was Sie tun." – Ein weiterer Satz wurde bedeutsam für mich: „Wirklich befreit werden kann die körperliche Haltung des Menschen nur, wenn die Füße integriert dabei sein können" (E. Hummel in: B. Brandt, Jeden Tag leibhaftig leben, S.19).
Erwähnenswert scheint mir noch eine bewußte Gangart zu sein. Während früher meine Füße von den Zehengebieten her sehr stark nach außen gerichtet waren, versuche ich mein Gehen heute bewußt anders einzurichten: Immer wieder hole ich die Linie „Fersenpunkt (1. Fußpunkt) und Grundgelenk der Großzehe (2. Fußpunkt)" ins Bewußtsein und rolle beim Gehen mehr über Innenfuß und Großzehe den Fuß ab. Hierbei ver-

spüre ich eine große Weite und Stabilität im Lendengebiet, und auch beide Leistenbereiche sind freier da.

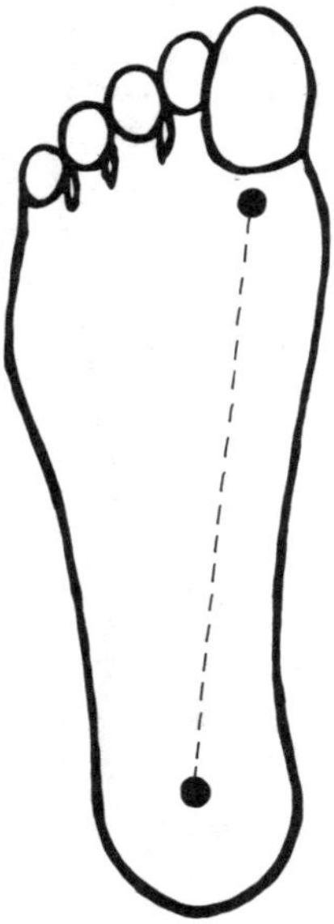

Grundgelenk der Großzehe (2. Fußpunkt)

Fersenbeinhöcker (1. Fußpunkt)

In der Zwischenzeit – es vergingen mehr als sechs Jahre – war ich mehr oder weniger mir selbst überlassen und versuchte, mit den wiedergefundenen Füßen durch mein Leben zu gehen – und zu stolpern. Es gab mehr als einmal die Situation, in der ich meine Füße wieder verlor, in der ich „außer mir war", fremdbestimmt, ohne Beziehung zu mir und zu meinem Körper und somit auch zu anderen Menschen. Ich glaubte allerdings, ich sei eingebunden in Beziehungen, in Partnerschaften, Freundschaften und Familie. Rückblickend muß ich gestehen, daß nichts von dem wahrhaftig gelebt war.
Ich funktionierte nur noch und hatte Aufgaben und Pflichten zu erfüllen, die von mir gefordert wurden. Durch meine Berufstätigkeit als Erzieherin in einem Kinderdorf war ich rund um die Uhr beschäftigt, allerdings mit anderen Menschen, nie mit mir. Je mehr ich machte, um so mehr Aufgaben wurden mir auch übertragen. Dankbar nahm ich sie an und glaubte, daß ich „gebraucht" würde. Erst spät, fast schon zu spät, erkannte ich, daß ich mich „mißbrauchen" ließ und mich selbst auch „mißbrauchte". Ich erlebte meinen Körper als ungeliebtes, unnützes Etwas, und das wurde

mir schmerzhaft bewußt. Nur im Schmerz spürte ich, daß ich einen Körper hatte, daß ich lebte und existierte.
Mein Kopf drückte mit einem Zentnergewicht auf meine Schultern und auf den oberen Halswirbel- und Rückenbereich. Er war voll mit Gedanken, Ideen und Phantasien – und so schwer, daß ich glaubte, ihn mit meinen Schultern stützen zu müssen. Diese zog ich dann fast bis an die Ohren. Ständig litt ich unter Kopfschmerz und Schwindel. Mein Schulterbereich war wie eingeschnürt und hart wie Beton. Wiederholt mußte ich in ärztliche Behandlung, weil ich meine Arme nur unter Schmerzen bewegen konnte. Man behandelte mich unter der Diagnose einer Nervenentzündung.
Meinen Rücken erlebte ich nur schemen- und schmerzhaft. Der Lendenbereich war wie tot. Ich hatte das Gefühl, daß ich mitten durchbrach. Bekken, Beine und Füße waren auch nur verhärtet und verkrampft spürbar. Intuitiv spürte ich, daß ich allein mit Hilfe meiner Beine, meiner Füße leben, „überleben" konnte. Von dort aus hielt ich mich fest, versuchte, mich zu verwurzeln, damit ich nicht ständig umgestoßen wurde. Jede sich nur bietende Situation, die nicht von meinem Willen und Wollen gesteuert und klar durchschaut werden konnte, warf mich aus meiner Bahn, ließ mich „außer mir" sein. Ich erlebte mich zunehmend aggressiver, uneinsichtiger, verschlossener. Je weniger Durchblick und Klarsicht ich fand, um so dunkler und trauriger wurde es in mir. Ich wurde nicht nur seelisch aus der Bahn geworfen, sondern stolperte tatsächlich immer häufiger und wankte oder fiel zu Boden. Am ersten Arbeitstag nach einem dreiwöchigen Urlaub stürzte ich so unglücklich über eine kleine Betonplatte, daß ich mir eine äußerst unangenehme Bänderdehnung am linken Fuß zuzog. Nun mußte ich acht Wochen liegen. Ich war zur Ruhe „verdammt". Ich wehrte mich mit Händen und Füßen, tobte innerlich und schrie und weinte. Diese acht Wochen waren die schlimmsten, aber auch die „gesündesten" meines bisherigen Lebens. Mir wurde klar, daß ich anders leben mußte, daß ich neu anfangen sollte. Da ich allein dazu nicht mehr in der Lage war, bat ich *die* Frau um Hilfe, die mir schon einmal auf die Füße geholfen hatte. Ich erfuhr es als „Gnade und Glück", die Ausbildung in „Rhythmus-Atem-Bewegung" bei Frau H. Scharing beginnen zu dürfen. Wenn ich zu diesem Zeitpunkt allerdings gewußt hätte, was mit mir in diesen vier Jahren geschehen würde, was ich durchleben mußte, ich glaube, ich wäre den Weg des geringsten Widerstandes gegangen und wäre lieber gestorben.
So aber kann ich mittlerweile auf die vier fruchtbarsten Jahre meines bisherigen Lebens zurückblicken und dankbar wahrnehmen, daß ich zwar

„gestorben", aber auch wieder „auferstanden", „aufgestanden" bin. (Jetzt bin ich 39 Jahre alt.) Zu diesem „Auferstehen" verhalf mir ein weiterer neuer Lebensimpuls, vermittelt während der Ausbildungszeit: „Ich darf *einfach* werden." Mit „Einfachwerden" meine ich, daß ich störende und zerstörerische Elemente, die jeden Menschen umgeben, und komplizierte, umständliche, verwirrende Überlegungen und Gedankengänge lassen darf – und kann. Ich darf „einfach werden", offen und frei sein für das, was notwendig und wesentlich ist.
Als Beispiel und Beleg füge ich hier eine einfache Übungsfolge an, die mich Notwendiges und Wesentliches erfahren ließ:

Schleifen der Fußsohle
(Übungsmöglichkeit zum Übungsprinzip 3)

- Sich in Rückenlage einfinden und ordnen.
- Voraussetzung für jede eutonische Übung ist das Kontaktnehmen. (Dazu siehe ausführliche Anleitung in: B. Brandt, Jeden Tag leibhaftig leben, Mainz 1988)
- Nachdem im gesamten Kontakt genommen ist, sich darauf einstellen, mit einem Bein, einem Fuß, die Übung zu beginnen.
- Die Fußsohle stellt sich auf, parallel zum liegenden Bein, auf der Linie des Sitzbeinhöckers.
- Beachten Sie beim Aufstellen besonders die drei Fußpunkte.
- Sprechen Sie aber auch die gesamte Fußsohle an: Fersensohle – Mittelfußgebiet – Ballengebiet – rückwärtiges Zehengebiet bis zu den Zehenspitzen. Die ganze Fußsohle sollte also möglichst den Boden spüren und Kontakt nehmen.
- Mit Hilfe der erkannten Fußpunkte fühlt sich der Fuß dann in den Boden ein – wie zu einem unteren Boden. Für dieses Einfühlen sich möglichst Zeit lassen
- um auch die Situation des aufgestellten Beines zu beachten, ebenso die gesamte Situation der Körperseite, die nun indirekt angesprochen ist.
- Hier darf schon einmal ein Vergleich mit der nicht übenden Körperseite geschehen – d. h. auch
- im gesamten dabei sein, vom Kopf bis zu den Füßen.
- Das Becken mit dem vorgefühlten Kreuzbein bewußt im Sinn behalten.
- Unbedingt zu beachten ist, daß die Großzehe des aufgestellten Fußes nach vorne, geradeaus schauen sollte.

- Nachdem nun die Situation überschaut und die Fußsohle eingefühlt ist, darf sich der Fuß von der Sohle her darauf einstellen, daß er mit gebeugtem (nicht gekralltem!) Zehengebiet – von der Großzehe geradeaus geführt nach vorne in Richtung realer oder vorgestellter Wand schleifen kann.
- Die Großzehe und die anderen Zehen bleiben bei dieser Schleifbewegung so lange in gebeugtem Zustand, wie es eben möglich ist.
- Sie bleiben also fein gebeugt, auch wenn die Sohle den Boden schon verlassen und nur noch Blickkontakt dorthin hat, bis das ganze Bein am Boden angekommen ist und sich abgelegt hat.
- Während der Schleifübung bleibt das Becken mit dem vorgefühlten Kreuzbein wach dabei, auch das zur rückwärtigen Wand vorgefühlte Scheitelgebiet.
- Im gesamten wach dabei sein.
- Nachdem das Bein angekommen ist, kann sich der Fuß zur Seite lassen, so wie er möchte.
- Dieser neuen Situation kann in Ruhe nachgespürt werden, vom Kopf bis zu den Zehenspitzen.
- Gegebenenfalls kann die Ferse einen vorgestellten Gegenstand behutsam wegschieben, damit das Achillessehnengebiet gedehnt wird.
- Danach das Dehnen lassen – und gut beobachten, was diese feine Bewegung bewirkt hat.
- Gut nachspüren, was jetzt im ganzen ist.
  Beide Seiten miteinander vergleichen, sich dehnen und strecken und ausruhen. –

Nach einer Pause
- mit dem zweiten Fuß ebenso üben.

Meine Erfahrung mit dieser Übung und dem Übungsprinzip 3: In der Bewegung sein

Nachdem ich diese Übung bzw. das Prinzip, das darin zur Wirkung kam, „erfaßt und erkannt“ hatte, wurde sie zu einer meiner Lieblingsübungen. Anfangs war mir offengestanden nur das Schleifen der Fußsohle auf dem Boden bedeutsam, weil ich den Kontakt zum Boden dabei deutlich spüren konnte. Ich fühlte, daß ich in meinen Füßen sein konnte und daß darüber hinaus eine Verbindung zu meinem ganzen Körper bestand. Dies nahm ich mit großem Erstaunen wahr. Erst später im Anatomieunterricht

erfuhr ich von der Bedeutung der Fußsohle. „Sie ist als Haut ausgestattet mit einer Vielzahl von Rezeptoren, die mit dem Nervensystem verbunden sind. Diese wirken beim Bewußtwerden der Sohle maßgeblich mit und sind bedeutsam für das ganze Haltungssystem (Tiefensensibilität)" (E. Hummel in: B. Brandt, Jeden Tag leibhaftig leben, S. 16).
Ich erlebte eine deutliche Verbindung von unten nach oben und vom Kopf bis zum Fuß. Mein gesamter Körper erfuhr eine deutliche Streckung. Meine Gelenke wurden freier, bekamen Luft. Meine Beine wuchsen in die Länge, so empfand ich es, waren nicht mehr vollgestopft und schmerzend in der Muskulatur. Eine klare Vorstellung, wie meine durch doppelte Skoliose verbogene Wirbelsäule sich wieder aufrichten konnte, wie ich Raum und Luft in meinem Brustkorb erlangte, gab mir Kraft und Mut, dranzubleiben. Ich brauchte nie die Hoffnung aufzugeben, daß ich meinen anfangs ungeliebten und mißbrauchten Körper als belebbar und belebt erfahren durfte. Mein von vielen wirren Gedanken überfüllter Kopf wurde gerade nach dieser Schleifübung leichter und heller. Er war manchmal fast wie leer: ein Zustand unbeschreiblicher Freiheit und belebten Geordnetseins! – Das Wegschieben durch die Fersen vermittelte mir das Gefühl: „So ist es gut. So wirst du heil." Die gesamte Übungseinheit hat für mich eine ordnende, eine heil-machende Wirkung, und ich bin dankbar, daß mir diese Möglichkeit und Chance gegeben ist, mich täglich neu ordnen zu dürfen.
Wunderbar war für mich auch das Erleben, daß ich meinen Füßen vertrauen durfte. Mit bewußten Füßen empfinde ich mich als integrierter, ganzheitlicher Mensch. Von den Füßen her kann etwas geschehen, kann etwas einen Weg finden, was nicht vom Kopf, vom Wissen her manipuliert wurde. Ich konnte das, was meinen Kopf beschwerte, lassen, weil ich mich auf meine Füße zu besinnen und von dort her anzusetzen gelernt hatte. Ich durfte mein Leben neu gestalten, neu ordnen, auch meinen Kopf wieder ein-ordnen. Für mich war und ist dies ein Wunder, das ich dankbar annehme.
Um mein „Finden des Bodens" zu verdeutlichen, möchte ich nach dieser Übungserfahrung noch einen Traum erzählen, den ich zum Ende der Ausbildung hatte:
Ich befand mich in einem leeren, frisch renovierten, unmöblierten Raum – zusammen mit einem Erwachsenen und einem kleinen Kind. In diesem Raum war eine Empore, zu der eine Leiter hinaufführte. Das Kind kletterte auf dieser Leiter hoch, um nach oben zu gelangen. Oben angelangt, kam es aber nicht mehr alleine herunter und schrie fürchterlich. Ich klet-

terte hoch, um dem Kind nach unten zu helfen. Vorsichtig, es in meinen Armen und an meinem Leib geschützt festhaltend, kletterte ich mit dem Kind die Leiter Sprosse für Sprosse abwärts. Plötzlich stellte ich fest, daß die letzten unteren Leitersprossen fehlten. Der andere Mensch, der sich auch in dem Raum befand, nahm mir das Kind, das ich vor mir hinunterlassen konnte, ab. Nun stand ich noch oben, hatte eine wahnsinnige Angst: Wie soll ich denn nun hinuntergelangen? Nach einer Weile faßte ich mir dann ein Herz – und sprang hinunter. Und dieses Hinunterspringen, das satte, tiefe Ankommen mit beiden Füßen gleichzeitig und dabei tief federnd in die Knie gehend, werde ich mein Leben lang nicht mehr vergessen. Ich war am Boden angekommen. Dieses Glücksgefühl – im Traum und beim Aufwachen – in Worten auszudrücken, gelingt mir nicht, und ich möchte es so belassen, wie es war. Dieser Traum zeigte mir, daß auch meine Seele am Thema dieser Arbeit beteiligt war: „Auf die Füße kommen".

Kapitel 2
Ausgewählte Übungen im Liegen, Stehen und Gehen als Weg zu den Füßen

Die nachfolgenden Übungen teilen sich in verschiedene, jedoch miteinander verbundene Abschnitte, die auch in anderen Übungen ähnlich sind. Die einzelnen Phasen sollen im folgenden verdeutlicht und zusammengefaßt werden.

Allgemeine Übungshinweise

Ankommen und Ordnen

„Mit der Frage: ‚Wo befinde ich mich?' setze ich mich am Übungsbeginn in Bezug zu meiner nächsten Umgebung, dem Boden. Ich darf mich zunächst dort einfinden, ankommen und zur Übung ordnen. Das bedarf meiner wachen Aufmerksamkeit. Während des gesamten Übungsverlaufes bleibe ich verantwortlich für mich, bin zuständig für mich und kann nicht einfach abschalten. Weil ich zuständig bin, sollte ich auch möglichst ganzheitlich versammelt sein. Weil ich üben will, bedarf es einer bestimmten geordneten Lagerung, da sonst die Übungswirkung verzerrt oder verhindert würde.

Wahrnehmen

Mit aufmerksamer Gelassenheit kann ich die nächste Frage stellen: ‚Wie finde ich mich vor?' Jeder neue Tag erfordert erneut diese Frage, wenn es um wahrhaftiges Erkennen auf dem Lebensweg geht. Ich bin jeden Tag anders da, weil ich lebe und mich innerlich und äußerlich ständig verändere. Der Kontakt zum Boden kann zum Spiegelbild meiner heutigen Verfassung werden, der äußeren und der inneren. Dabei geht es lediglich um die Beobachtung und das Anschauen dessen, was ist, nicht um eine Bewertung im Sinne von ‚gut' oder ‚schlecht'. Durch Bewerten oder Beurteilen manipuliere ich mich womöglich in eine schwer veränderbare Situation oder gehe beschönigend über Tatsachen hinweg. Ich darf mich schon zu Übungsbeginn gelassen und vertrauend so annehmen, wie ich heute sein kann. Erst dadurch, daß ich mich nicht mehr an Wunschvorstellungen festhalte, kann ich zulassen, daß sich etwas verändert.

Übungsgeschehen als Unterwegs-Sein

Das Kontaktnehmen geht, bis auf den Kopf- und Halsbereich, nie senkrecht zum Boden, sondern in schräger Richtung gleichzeitig boden- und fußwärts. Schon dieses übende Spüren bodenwärts-fußwärts ist eine feine Bewegung und verursacht feinste Bewegtheit.

Die Gesamtheit einer Übungsrichtung verläuft als Weg (nach einem Gesamtüberblick von Kopf zu Fuß) vom Becken zu den Füßen, entweder die Arme bereits integrierend oder dann einholend. Die leibhaftige Ordnung ist maß-gebend und richtungweisend. ‚Wenn man lernt, sich in mögliche Ordnung nicht einzumischen, kommt etwas in Gang, das sich als harmonischere Bewegung oder Schwingung zeigt: ein Heilprinzip für den ganzen Menschen.‘ (Hannelore Scharing).

Das Material, das mich beim Üben umgibt, der Boden ebenso wie die Kleidung oder Übungsgegenstände, kann ein Übriges dazu tun. Künstliche Gewebefasern oder Lacke, die das Holz versiegeln und am Atmen hindern, laden sich durch Reibung auf und damit auch den Menschen, der mit ihnen in Berührung kommt. Lebendiges Material dagegen, das noch Eigenschwingung hat, ist in der Lage, Überspannungen des Menschen aufzunehmen bzw. auszugleichen. Jede Holzart (z. B. Ahorn, Eiche, Kirsche, Linde) und auch alle Naturfasern haben jeweils eine besondere Art von Eigenschwingung und deshalb auch eine je andere Wirkung.

Beobachten, Vergleichen, Unterscheiden

Am Ende einer Übung oder eines Übungsabschnittes schließt sich das Beobachten des geübten Bereiches, das Vergleichen mit der ungeübten Seite und das Nachspüren im gesamten Leibbereich an. Dabei bietet sich die Möglichkeit, am konkret Erkannten und Gespürten ein feines Unterscheiden zu lernen. Der indische Mystiker Vivekananda sagt bezüglich des Unterscheidens: ‚Mit dem Schwert der Unterscheidung erkenne das Wesentliche gegenüber dem Unwesentlichen. Halt dich am Wesentlichen und gehe weiter.‘

Der Vergleich von einer Seite zur anderen, von vorher zu nachher, kann eingebildete und übertriebene Reaktionen vermeiden helfen. Beim vergleichenden Erkennen ist es möglich, auf dem Boden der Tatsachen zu bleiben und im Unterwegssein das anzunehmen, was sich gerade jetzt zeigt.
Körperliche Eindrücke, die ich im behutsamen Beobachten erkenne, gehen oft Hand in Hand mit seelischen Erlebnissen, die sich der Muskulatur eingeprägt haben. So teilen sich auch Erinnerungen der Muskulatur mit. Über das bewußte Erkennen und So-sein-Lassen kann der Weg frei werden für ein weiteres Verarbeiten in tieferen seelischen Schichten, was sich u. a. auch in Träumen oder Traumserien beobachten läßt.

Eine Übung abschließen

Eine Übung hört nicht einfach und abrupt auf. Das innere körperliche und seelische Erleben erfordert so etwas wie einen Abschlußritus: Nach dem abschließenden aufmerksamen Nachspüren kann ein Dehnen oder Verändern der Lagerung die Übung zunächst beenden. Im bewußten Bewegen und darauffolgenden Lassen werden die Übenden nochmals im ganzen angesprochen. Eine spezielle Ansage und ‚Erlaubnis' dafür ist manchmal notwendig. Ich mußte das Dehnen nach einer Übung auch erst lernen. Vielleicht hatte meine innere Einstellung dazu etwas mit Festhalten und Nicht-lassen-Können zu tun: Das Geübte festhalten – mich in einer Gruppe nicht gehen-lassen!? Später habe ich begriffen und erfahren, daß eine völlig andere Qualität das Dehnen und das Im-Dehnen-bei-sich-Bleiben ausmacht" (Beate Jäger, 1990).

Nachruhen

Es ist wichtig, eine Übung wirklich zu beenden, nicht mehr zu üben, jetzt nicht noch etwas anderes nachzuschieben! Eine gute Zeit des Nachruhens und aufmerksamen Ausruhens beendet die Übungszeit. Ruhend geschieht manchmal noch Entscheidendes im Leibganzen. Ruhend läßt sich innere Bewegung behutsam beobachten. Ruhend läßt sich lernen, sich in sich selbst nicht einzumischen.

Übung 1: Weg zu den Füßen

Vorbereitungsphase

Richten Sie sich in Rückenlage zum Üben ein – und fragen Sie sich zunächst

- wie Sie ausgerichtet sind vom Kopf zu den Fersen hin. Spüren Sie sich in gerader Richtung und sind sich dessen gewiß? – Oder hilft es Ihnen, einmal nach den Fersen zu schauen oder auch mit einem Blick zur Raumdecke hin sich gegebenenfalls zu korrigieren (wenn Sie sich schräg oder gebogen ausgerichtet vorgefunden haben sollten)?
- Sind die Arme und Hände neben dem Rumpf klar erkennbar da?
- In welchen Bereichen von Kopf zu Fuß hin sind Sie am meisten oder „schwergewichtig" da, wo am wenigsten?

Übungsphase

- Wenden Sie sich jetzt dem Beckenbereich zu. Er kann sich im ganzen fußwärts zum Boden spüren.
- Dann stellen Sie sich auf das Kreuzbein ein, so wie es anatomisch in Ihrem Beckenraum vorhanden ist. Erinnern Sie sich an seine dreieckige Schalenform; es ist gelenkig mit den beiden Beckenschalen verbunden – und verjüngt sich zum Steißbein hin. Sie können die vier seitlichen Unterbrechungen jeweils beachten (die darauf hinweisen, daß Wirbelkörper zum Kreuzbein zusammengewachsen sind); das Kreuzbein hat die innere Seite, die zum Bauchraum zeigt, und die Rückseite mit den Dornfortsätzen, die jetzt vorwärts-fußwärts schauen.
- Wenn Sie so an der Rückseite des Kreuzbeines verweilen konnten, wenden Sie sich dann dem 5. Lendenwirbel zu, der nach einer Bandscheibe auf dem Kreuzbein aufsetzt. Tasten Sie sich aufmerksam um diesen 5. Lendenwirbel herum (sein Dornfortsatz schaut auch fußwärts!) – und gehen Sie dann in ähnlicher Weise um die Bandscheibe herum oder einmal durch sie hin-

durch. (Die Bandscheibe hat zwischen dem 5. Lendenwirbel und dem Kreuzbein eine wichtige „Pufferaufgabe".)

- Dann kommen Sie wieder zum Kreuzbein – und beachten gleichzeitig auch den 5. Lendenwirbel.
- 5. Lendenwirbel – Bandscheibe – Kreuzbein in einem wahrnehmen!
- Jetzt kann sich das Kreuzbein in seiner Schalenform durch die Beckenhaut und die Kleidung schräg unter dem Boden fußwärts vorfühlen - und Sie nehmen wahr, was dabei geschieht, auch wenn das Vorfühlen nur einstellungsmäßig möglich ist. Sich dazu Zeit lassen!
- Dann suchen Sie vom Beckenbereich aus den Übergang zu einem Oberschenkel auf. Er fühlt sich bodenwärts und gleichzeitig fußwärts. – Die anschließende Kniekehle fühlt sich auch über einen Abstand hin bodenwärts-wadenwärts. – Der Unterschenkel schließt sich an und kann sich mit der Wade in Richtung auf das Achillessehnengebiet und die Ferse bodenwärts spüren.
- Wie ist das Achillessehnengebiet heute da? Wie erfahren Sie es in Beziehung zum Strumpf oder Boden? – Beachten Sie zwischendurch einmal gleichzeitig dieses Achillessehnengebiet und den Lendenbereich auf dieser Seite!
- Erspüren Sie dann, wo und wie die Ferse aufliegt – und gehen Sie von dort aus spürsam zur Fersen- und Fußsohle – und tasten Sie sich weiter vor bis zu den Zehensohlen/Zehenrückseiten. Die ganze Sohle fühlt sich in dieser Richtung zum Strumpf. – In welche Richtung schaut der ganze Fuß von den Zehenkuppen her?
- Kommen Sie dann nochmals zur Fersenauflage – und ertasten Sie von dorther die Beziehung zur Großzehe. Wie fühlt sich die innere Fußkante an?
- Dann könnte sich das ganze Fersengebiet, das keinen Kontakt zum Boden hat, zum Strumpf hinspüren –
- und von dort aus suchen Sie weiter die Verbindung zum Sprunggelenkgebiet auf. Auch da sich auf Kontakt zum Strumpf hin einstellen –
- und weiterspüren zum Fußrücken hin, der mit der inneren und äußeren Fußkante Verbindung zur Sohle hat und die Richtung

zu den Zehen hin angibt. Dabei immer auf den Kontakt zum Strumpf achten.

- Sie kommen so zu den Zehen und beobachten zunächst einmal, welche von den fünf Zehen heute unvermittelt da und spürbar sind.
- Sie stellen sich dann auf die Großzehe ein – und sprechen diese rundherum an. Sie hat Kontakt zum Strumpf und Abstand zur 2. Zehe.
- Die 2. Zehe hat Kontakt zum Strumpf und Abstand zur Großzehe und zur mittleren Zehe. Gehen Sie so eingestellt spürsam um die 2. Zehe herum.
- Wenn Sie die 3. Zehe entsprechend geübt haben, beobachten Sie die bisher geübten drei Zehen gemeinsam – und vergleichen diese mit den beiden ungeübten.
- Jetzt die 4. Zehe mit Kontakt zum Strumpf und Abstand zur 3. und 5. Zehe erkennen und üben und sich ebenfalls an die Zehenkuppen für alle Zehen erinnern.
- Bei der 5. Zehe sich auf den Kontakt zum Strumpf, den Abstand zur 4. Zehe und auf die Zehenkuppen einstellen – und dabei übend verweilen.

Beobachtungsphase

- Nun beachten Sie alle 5 Zehen gleichzeitig – und erkennen, was in dem Gespür dafür oder an dem inneren Bild davon eventuell fehlt. – Dann schauen Sie den gesamten Fuß an – mit dem inneren Auge!
- Anschließend verweilen Sie vergleichend bei beiden Füßen. Wie sehen diese jetzt für Sie aus? –
- Dann beobachten Sie das Becken mit dem vorgefühlten Kreuzbein, das geübte Bein und den geübten Fuß.
- Vergleichen Sie daraufhin beide Beine und Füße, und nehmen Sie die Unterschiede wahr. (Versuchen Sie, das so Erkannte gedanklich zu behalten.)
- Beobachten Sie dann die ganze Seite. Wie haben Kopf und Rumpf und Arm eventuell mitüben können oder auch nicht? Auch die Arme lassen sich vergleichen.

- Sich im ganzen nochmals überschauen, fühlsam wahrnehmen – und dann zunächst eine gute Pause einrichten. Räkeln – und ruhen.

Übungsanweisung/Fortsetzung

- Ordnen Sie sich dann wieder in der Rückenlage, und beobachten Sie, was Sie jetzt vorfinden. Vergleichen Sie nochmals beide Beine, und suchen Sie die Fersen und Fußsohlen auf.
- Mit dieser Einstellung auf die Füße kann sich auch der Hinterkopf entgegengesetzt der Füße einfühlen. Sich etwas Zeit lassen dazu!
- Der rückwärtige Hals kann über den Abstand bodenwärts gefühlt werden. Er ermöglicht die Verbindung zum Rücken.
- Beim oberen Rückenbereich wahrnehmen, wann er zum Boden kommt. Von dorther lassen Sie den gesamten Rücken großzügig bodenwärts-beckenwärts spüren – und nehmen wahr, wie das Lendengebiet reagieren kann.
- Erinnern Sie sich nochmals an den 5. Lendenwirbel und das vorgefühlte Kreuzbein – und kommen Sie dann vom Beckenbereich her zu dem anderen Oberschenkel, von dem aus Sie Bein und Fuß in gleicher Weise üben.

Beobachtungsphase

- Überschauen Sie zunächst das jetzt geübte Bein – und sich dann im ganzen. Achten Sie dabei auf Unterschiede, Veränderungen, Klarheiten, Unklarheiten, Ausgleichendes u. a. m.
- Wie erleben Sie die erst- und die zweitgeübte Seite?
- Räkeln und ruhen. Nachklingen lassen.

Aussagen in einer Übungsgruppe, die sich auf den Erfahrungsunterschied zwischen geübtem und ungeübtem Bein und Fuß beziehen:

Geübtes Bein	*Ungeübtes Bein*
belebter	wie tot
voluminös	klein
klare Konturen, tiefer liegend	unklar, verkümmert, Einzelheiten kaum ausgeprägt
tiefer liegend, wie glattgestrichen, geordnet, wie Fasern gekämmt	ungeordnet, „gewurschtelt“
heller, weiter, bewußter, tiefer liegend	dumpf, einfach gegenteilig
tiefer liegend, länger; eine vor 50 Jahren erfrorene Großzehe erstmalig nicht dumpf, sondern belebt	höher liegend; gegenteilig
das Bein ist warm; dabei ein starkes Rot als Farbe erfahrbar; tief bewußt	das andere Bein ist auch da
heller, klarer, tiefer; voluminöser	verkrüppelt
klarer, länger; durchgängige Leiste	kürzer, nicht durchgängig
mehr Auflage, größerer Fersenraum; gute Verbindung vom Kreuzbein her	undeutlicher im Kontakt, kleiner, nur irgendwie da

Übung 2: Zehen „krallen“ oder beugen; die Fußsohlen schleifen einzeln aus

Vorbereitende Übungsphase

Ordnen Sie sich in Rückenlage zum Üben. Sie haben Tennisbälle oder Holzkugeln so in den Händen gefaßt, daß die Arme nicht zu weit vom Rumpf aufliegen und die Hände mit der Handkante und Kleinfingerzone Kontakt zum Boden finden. – Sie nehmen wahr, wie Sie sich heute von Kopf zu Fuß vorfinden, ob einzelne Bereiche dominieren oder ob Sie mehr ausgeglichen dasein können.

Übungsanweisung

- Nach der vorangegangenen Überschau wenden Sie sich dem Beckenbereich zu. Er nimmt im ganzen boden- und beinwärts Kontakt, also in einer leichten Schräge.
- Suchen Sie das Kreuzbein innen im Beckenraum und Beckengürtel auf. In seiner Schalenform und vom unteren stumpfen Ende her fühlt es sich vor, gleich schräg im Ansatz, durch Beckenhaut und Kleidung, durch Matte und Bodenoberfläche und parallel zu ihr – unterhalb des Bodens – fersenwärts oder auch gleich wie zu einer realen oder vorgestellten Wandbegrenzung etwas weiter als die Fersenauflage. Sie haben Zeit, sich darauf einzustellen und es zu erspüren.
- Dann kommen Sie vom Beckenkontakt aus zu beiden Oberschenkeln – und lassen beide Beine boden- und fersenwärts Kontakt nehmen.
- Bei beiden Fersen beachten Sie, wie sie aufliegen, gleichartig oder unterschiedlich; beide können sich durch die Strümpfe und Matten zum Boden hinspüren.
- Von beiden Fersen aus können die Fußsohlen strumpfwärts Kontakt aufnehmen bis zu den Zehensohlen und Zehenkuppen hin.
- Ohne das vorgefühlte Kreuzbein zu verlieren, kommen Sie zu den Fußgelenkbereichen. Diese können sich zum Strumpf fühlen – und haben Verbindung seitlich zu den Fersen hin.

- Beide Fußrücken fühlen sich zum Strumpf mit der Richtung auf die Zehen hin. Sie haben seitlich Verbindung zu den Fußkanten hin. – Für beide Füße erkennen und spüren Sie die innere Fußkante von der Ferse zur Großzehe hin im Kontakt zum Strumpf. – Ebenso erkennen und spüren Sie beide Fußaußenkanten von der Ferse zur Kleinzehe hin im Kontakt zum Strumpf.
- Zwischenzeitlich könnten Sie kurz beobachten, wie sich daraufhin Ihre Füße zeigen.
- Dann wenden Sie sich beiden Großzehen zu. Sie können in Form und Kontakt einschließlich der Zehenkuppe erkannt und gespürt werden.
- Nach einem Zwischenraum kommen beide 2. Zehen, die gleicherweise erkannt und gespürt werden können. – In gleicher Weise übend und in Ihrem Rhythmus schließen sich beide 3. Zehen, beide 4. Zehen – und beide Kleinzehen an.
- Mit Ihrem inneren Auge schauen Sie sich nun beide Füße mit allen geübten und erkannten Zehen an.
- Indem Sie bei dem vorgefühlten Kreuzbein und den eben geübten Füßen bleiben, beachten Sie, wie der obere Körperbereich mit den Armen reagieren konnte
- und lassen dann die Hinterkopfschale entgegengesetzt von Kreuzbein- und Fersenschalen sich boden- und wandwärts fühlen.
- Sie können sich jetzt von Kopf zu den Füßen im ganzen wahrnehmen – und sich dann auf einen Fuß einstellen. (Der andere ist natürlich auch da.)
- Die Zehen dieses Fußes schauen von den Kuppen her durch den Strumpf in eine bestimmte Richtung. Achten Sie darauf, wohin die Zehen schauen: zur Wand seitlich – oder? – Gleichzeitig fühlt sich die Fußsohle mit Hilfe der drei Fußpunkte im ganzen zur gegenüberliegenden Wand vor. (Das Kreuzbein war eventuell schon unterhalb des Bodens in diesem Bereich.)
- Während die Fußsohle wandwärts vorgefühlt bleibt – und Sie gewahr sind, zu welchem Wandbereich die Zehenkuppen hinschauen, beginnen die Zehen, dort zu der Wand hin eingestellt,

einfach zu krallen; sie rollen sich kräftig ein, so, als sollten sie einen Bleistift umkrallen. Die Ferse kommt dabei den Zehen entgegen; dadurch wird die Fußsohle gespannt.

- Nicht übermäßig lange „gekrallt" bleiben – und dann das Krallen einfach lassen. Nachspüren, wie und wohin es wirkt. – Und das Kreuzbein ist noch dabei!
- Wiederholen Sie das Krallen bei der gleichen Seite – mit der gleichen Einstellung von der Fußsohle und den Zehenkuppen her. Krallen. – Lassen. – Nachspüren.
- Bleiben Sie noch bei dem gleichen Fuß – und lassen Sie jetzt die Großzehe *beugen*! (Das ist etwa die Hälfte der Krallbewegung.) Die Großzehe beugt also – und läßt das Beugen. – Sie sind wach dafür und beobachten, wohin diese Beugebewegung wirkt! – Wiederholen Sie das Beugen nochmals mit der gleichen Großzehe. – Beugen. – Lassen. – Beobachten! – Und das Kreuzbein ist noch dabei! – Wohin geht die Wirkung? Was bewirkt die kleine Bewegung an innerer Bewegtheit?
- Die Fußsohle des jetzt geübten Fußes bleibt wandwärts vorgefühlt eingestellt – das Kreuzbein ist da – und Sie wenden sich dem anderen Fuß mit Sohle und Zehenkuppe zu – und üben diesen in gleicher Weise. Bevor Sie die Bewegung jeweils wiederholen, beobachten Sie die Wirkung – und versichern sich der erweiterten Kontakte.

Beobachtungsphase

Nachdem der zweite Fuß so geübt hat, nehmen Sie wahr, wie Sie sich im ganzen vorfinden. – Wie empfinden Sie die Rückenkontakte, wenn Sie beim Kreuzbein und bei den geübten Füßen sind? (Es ist möglich, mit diesem Übungsabschnitt zu beenden, indem Sie sich dehnen, räkeln, nachruhen – und eventuell ins Stehen kommen und „mit Füßen" zu einer nächstliegenden Beschäftigung übergehen.) Oder Sie bleiben im Üben und folgen der

Übungsanweisung/Fortsetzung

- Sie vergewissern sich, daß das Kreuzbein unterhalb des Bodens vorgefühlt ist – im Kontakt zu einer Wand.
- Beide Sitzbeinhöcker sind ebenfalls da – und schauen von den Sitzkanten her fersen- und wandwärts. Weil Sie zunächst mit einer Seite üben werden, lassen Sie den entsprechenden Sitzbeinhöcker in diese Richtung vorfühlen. – Das Vorfühlen kann an der Wand ankommen – und der Sitzbeinhöcker schaut dennoch zu,
- wenn sich jetzt die Fußsohle dieser Seite aufstellt. Das Knie ist dann angewinkelt.
- Die Fußsohle von der Ferse zu den Zehen hin fühlt sich schräg durch Strumpf und Matte zum Boden hin. – Die Zehen schauen über den Boden vorwärts zur Wand. – Die Großzehe beugt bodenwärts – und bleibt so gebeugt –
- wenn jetzt die Fußsohle ausschleifen kann – auf der Linie des Sitzbeinhöckers, der nachschaut. Freundlich und eindeutig auf die Sohle eingestellt sein! Die Großzehe bleibt gebeugt, bleibt *so* gebeugt; dranbleiben, bis das gesamte Bein wirklich angekommen ist. Dann erst läßt die Großzehe das Beugen – und der Fuß findet seine ihm gemäße Lage von alleine.
- In Ruhe jetzt das Bein und den Fuß beobachten. Beide Körperseiten vergleichend beobachten
- und dann nochmals den gleichen Fuß aufstellen – und mit guter innerer Einstellung das Ausschleifen wiederholen.
- Wenn das Bein angekommen ist, die Großzehe das Beugen ließ, warten und sich im ganzen beobachten.
- Ohne das Kreuzbein außer acht zu lassen, kann die Fersensohle einen vorgestellten Wattebausch oder ein Holz vor sich herschieben. Dabei geschieht nur für das Achillessehnengebiet eine feine Dehnung. Dann das Dehnen wieder lassen.

Beobachtungsphase

Nachdem die Ferse dehnen konnte, bleiben Sie gut beobachtend bei sich. Nehmen Sie wahr, wie sich das Ausschleifen der Fußsohle bei gebeugter Großzehe für Sie ausgewirkt hat. – Wo bewegt sich im Körperganzen vielleicht im Nachruhen immer noch etwas und findet eine andere, neue Ordnung? – Vergleichen Sie die geübte mit der noch nicht geübten Seite. Nachruhen – und eine gute Pause einlegen.

Übungsanweisung/Fortsetzung

Nach der Pause üben Sie mit dem anderen Bein und Fuß in der o. a. Weise. – Beschließen Sie das Üben mit gutem Nachruhen. – Die Seitenlage mit rechtwinklig gelagerten Beinen kann eine gute Erholung bringen.

Übung 3: In Bauchlage „zeichnet" die Fußsohle an der Wand hoch, an der Raumdecke entlang

Vorbereitende Übungsphase

Richten Sie sich in der Bauchlage ein. Der Kopf ist seitlich abgelegt und spürt sich zur Unterlage. Die Beine liegen parallel nebeneinander, ebenso liegen die Füße in gerader Verlängerung der Beine parallel nebeneinander. Die Großzehen sind somit richtungsanweisend für die gelagerten Beine und Füße. Dadurch werden die Fersen aufgerichtet. (Schon diese Lagerung ist stärkend und heilsam für die Wirbelsäule.) – Die Arme liegen seitlich am Rumpf entlang, Hände und Finger umfassen die Bälle oder Holzkugeln.

Übungsanweisung

- Überschauen Sie sich überblickartig vom Kopf zu den Füßen hin. Wie empfinden Sie sich jetzt zu Beginn des Übens?
- Richten Sie dann Ihre Aufmerksamkeit auf den Unterbauch (Bereich unterhalb des Nabels) – er kann sich boden- und beinwärts fühlen. Dabei kommen Sie im Spüren zu beiden Leistengebieten, den Übergängen vom Rumpf zu den Beinen. Die Leisten fühlen sich über die Kleidung zum Boden hin mit der Richtung auf die Oberschenkel hin – auch über einen eventuellen Abstand hinweg.
- Bevor Sie die Kontakte weiter erspüren, gehen Sie jetzt nach innen zum Beckengürtel und rufen das Kreuzbein auf. Sie erinnern sich an seine Schalenform – an die Rückseite, die zur Beckenhaut schaut – an die Innenseite, die jetzt durch den Bauchraum bodenwärts gerichtet ist. (Vielleicht können Sie auch die Bandscheibe und den 5. Lendenwirbel direkt oberhalb des Kreuzbeines mit berücksichtigen.) – Diesen knöchernen Bereich mit im Sinn behalten –
- und wieder zum Unterbauch kommen; wahrnehmen, wie Sie ihn jetzt vorfinden und empfinden. Dann kommen Sie über einen Leistenbereich zu einem Oberschenkel.
- Oberschenkel und Knie fühlen sich boden- und fußwärts, ebenso fühlt sich der Unterschenkel in Richtung Fußgelenkbereich bodenwärts. Fußgelenkbereich und Fußrücken mit der Richtung auf die Zehen hin im Kontakt zum Boden aufsuchen und besonders die Großzehe wachrufen.
- Kann das Kreuzbein noch dabei sein?
- Wenden Sie sich dann der aufgerichteten Ferse zu, die sich rundherum im Kontakt zum Strumpf erspüren kann. – Von der Fersensohle beginnend bis zu den Zehenkuppen hin fühlt sich der gesamte Sohlenbereich im Kontakt zum Strumpf.

Beobachtungsphase

Lassen Sie sich jetzt Zeit zu einer kurzen Überschau:
Unterbauch – Leiste – Bein – Fuß bei der übenden Seite! Kann das Kreuzbein mit dabei sein?!
Überschauen Sie ebenso das noch nicht geübte Bein und den Fuß. Während der Kreuzbeinbereich mit im Sinn und Gespür bleibt, überschauen Sie vergleichend beide Beine und Füße. – Was nehmen Sie wahr?

Übungsanweisung/Fortsetzung

- Nun kann sich die Fußsohle des übenden Beines nochmals besonders aufgerufen fühlen; sie stellt sich ein und fühlt über sich hinaus – am Boden entlang zu einer gegenüberliegenden Wand (real oder vorgestellt und in angemessener Entfernung!). Achten Sie darauf, daß die Ferse einen etwas weiteren Spürweg als die übrige Fußsohle hat.
- Beobachten Sie, was möglich war – und ob das Kreuzbein dabeisein kann. Wenn Sie merken, daß sich etwas verändert hat – bei der übenden Sohle und vielleicht bei der gesamten Körperseite – wenn also die Fußsohle Kontakt zur Wand nehmen konnte,
- dann könnte es die zweite Sohle auch schon einmal versuchen, den Kontakt zur rückliegenden Wand aufzunehmen. Lassen Sie sich etwas Zeit dazu.
- Vergleichen Sie wieder! Können beide Fußsohlen dabei sein – mit den Fersen, die den längeren Fühlweg zur Wand haben? Und das Kreuzbein?
- Falls es nicht „ging“, auch so bei den Füßen verweilen – und zur Kopfauflage kommen. Von dort, wo Sie den Kopf aufliegen spüren, kann er sich entgegengesetzt der Füße zum Boden oder auch etwas in den Boden fühlen.
- Das Kreuzbein kann auch jetzt noch mit „im Spiel“ sein, d. h. Sie entlassen es möglichst nicht aus Ihrer Aufmerksamkeit, wenn Sie auch jetzt die folgenden Kontakte aufrufen:

- der Brustkorbbereich fühlt sich bodenwärts mit der Richtung auf den Unterbauch hin,
- der Oberbauch fühlt sich ebenso bodenwärts in gleicher Richtung;
- Sie überschauen nochmals beide Leisten- und Beinbereiche,
- dazu erkennen und erspüren Sie beide Arme und Hände überblickartig.

Beobachtungsphase

Stellen Sie sich ein, mit dem, was bisher für Sie in der Übung da war, sich ganzheitlich wahrzunehmen. Freundlich beobachtend bei sich sein! – Für die weitere Übungsfolge stellen Sie sich auf eine Bewegung ein.

Übungsanweisung/Fortsetzung

- Die Fußsohle des übenden Beines wird „zeichnend" eine Bewegung anführen. Ohne daß Sie an der Fußhaltung etwas verändern, also mit dem längeren Fühlweg der Ferse zur Wand hin, wird die Fußsohle an der hinteren Wand aufwärts zeichnen – und das Kreuzbein bleibt dabei mit in Ihrer Aufmerksamkeit.
- Wenn Sie es bei sich klar im Gespür haben, daß die Fußsohle Kontakt zur Wand aufnehmen konnte, beginnt die Fußsohle an der Wand eine Bewegung. Sie „zeichnet" unten am Boden beginnend und in der Haltung, in der sie sich vorfühlte, an der Wand hoch – und weiter an der Raumdecke entlang, bis der Unterschenkel in der Senkrechten angekommen ist. Die Sohlenfläche schaut nach Abschluß der Bewegung zur Raumdecke, nicht die Zehenkuppen.
- Schauen Sie selbst in ruhiger Bewegung prüfend nach, ob der Unterschenkel wirklich senkrecht oder anders angekommen ist – und korrigieren Sie eventuell.
- Falls der Oberschenkel schmerzt oder nicht nachgibt, könnten Sie das Leistengebiet nochmals zum Boden spüren und/oder auch das Knie wandwärts über sich hinausspüren lassen.

- Jetzt lassen Sie – mit dem Kreuzbein im Sinn – den Fuß einfach so fallen, daß er auf der Vorderseite der Großzehe ankommt. („Fallen lassen“ heißt nicht wegwerfen oder ablegen.)
- Wenn Unterschenkel und Fuß nach dem Fallenlassen wieder angekommen sind, beobachten Sie kurz, was das für Sie bedeutet oder bewirkt hat.
- Dann kann die Großzehenkuppe eventuell 1 cm nach rückwärts schieben – und Sie lassen das Schieben wieder.
- Sie beobachten, ob diese feine Dehnbewegung sich auf Leiste, Bein und Fuß irgendwie ausgewirkt hat, eventuell auch auf den oberen Bereich, Rumpf und Arme:
- Wiederholen Sie jetzt nochmals die gesamte Bewegung – beginnend damit, daß die vorgefühlte Fußsohle an der Wand hochzeichnet. Bewahren Sie während des Hochzeichnens, des Fallenlassens und der feinen Dehnbewegung der Großzehe das Kreuzbein unbedingt in Ihrer freundlichen Aufmerksamkeit.

Beobachtungsphase / Weitere Übungsphase

Überschauen Sie nun das so geübte Bein. – Vergleichen Sie das geübte und das nicht geübte Bein vom Unterbauch- und Leistenbereich her bis zu den Zehenkuppen und Fußsohlen hin. – Wie reagierten die Rumpfseiten und die Arme? – Wie können Sie sich vom Kreuzbein aus im ganzen wahrnehmen?
Pausieren Sie für eine kurze Weile – und üben Sie dann das zweite Bein in gleicher Weise.

Abschlußphase

Nachdem Sie die Wirkung der Übung mit der zweiten Beinseite beobachtet, verglichen und innerlich „registriert“ haben, verändern Sie sich aus der Bauchlage in Rücken- oder Seitenlage und ruhen aus. Währenddessen können Sie das Gewordene nachklingen lassen – und weiterhin dafür wach bleiben, ob sich noch andere innere Bewegtheit anmeldet und geschieht. – Was hat es für

Sie bedeutet, während des Übens das Kreuzbein nicht aus der Aufmerksamkeit zu entlassen?

(Hinweis: Diese Übung ist in einfacherer Übungsanleitung zu finden in: B. Brandt, Jeden Tag leibhaftig leben, Matthias-Grünewald-Verlag, Mainz [2]1989.)

Übung 4: Die Fußsohlen ausschleifen – die Fußsohlen anschleifen

Vorbereitende Übungsphase

Richten Sie sich in Rückenlage zum Üben ein. Sie halten Tennisbälle oder Holzkugeln in den Händen. Nach einem freundlichen Überblick von Kopf zu den Füßen hin nehmen Sie Kontakt vom Kreuzbein-/Beckengebiet her boden- und fußwärts, so wie Sie es von bisherigen Übungsanweisungen gewohnt sind, diesmal für beide Beine und Füße gemeinsam. Dann nehmen Sie sich nochmals im ganzen wahr – und stellen sich ein auf die weitere

Übungsanweisung

- Gehen Sie mit Ihrer Aufmerksamkeit jetzt nach innen zum Kreuzbein, beachten Sie es in seiner Schalenform – und der gelenkigen Verbindung mit den beiden Beckenschalen. In seiner Schalenform – und vom unteren stumpfen Ende her kann es sich durch Beckenhaut und Kleidung, durch Matte und Bodenoberfläche gleich schräg im Ansatz unterhalb des Bodens, parallel zur Bodenoberfläche, vorfühlen – fersenwärts. Lassen Sie sich genügend Zeit dazu.
- Dann beobachten Sie, was diese Einstellung auf das Kreuzbein für den Kontakt der Beine und Füße noch gebracht hat – und wie sich die Hinterkopfschale entgegengesetzt des Kreuzbeines

schräg zum Boden und wie zu einer Wand hinspüren kann. Das Kreuzbein und beide Fußsohlen sind noch da!

- Gehen Sie jetzt zu einer Fußsohle, die Sie im Kontakt zum Strumpf wahrnehmen, und begleiten Sie diese, wenn sie sich einfach aufstellt, spielerisch, und auf der Linie des Sitzbeinhökkers zu stehen kommt. Das Knie ist dann angewinkelt.
- Die Fußsohle, von der Ferse zu den Zehen hin, fühlt sich durch den Strumpf und die Unterlage schräg zum Boden hin. Die Großzehe und alle anderen Zehen sind wandwärts gerichtet.
- Dann beugt die Großzehe freundlich bodenwärts – und bleibt so gebeugt, die anderen Zehen spielen mit, und die Fußsohle behält den Kontakt, auch wenn sie sich leicht lüften sollte.
- Beobachten Sie, ob das Kreuzbein noch vorgefühlt mit dabeisein kann – und ob Ihnen die Linie des Sitzbeinhöckers deutlich ist.
- Während das Kreuzbein vorgefühlt mit im Spiel ist, beginnt die Fußsohle mit gebeugter Großzehe die Ausschleifbewegung. Der Sitzbeinhöcker schaut nach. Die Großzehe bleibt unbedingt gebeugt, bis das Bein ausgegradet angekommen ist. Warten Sie eine kleine Weile, bis Ihnen das Bein klar im Gespür ist, lassen Sie dann das Beugen der Großzehe – und beobachten Sie so nochmals Fuß und Bein. Der Fuß wird sich voraussichtlich seitlich lassen.
- Mit guter Einstellung auf das vorgefühlte Kreuzbein schiebt sich die Ferse so über den Boden wandwärts vor, daß nur das Achillessehnengebiet eine kleine Dehnung erfährt. Nach dem Dehnen kommt das Lassen. Und das Kreuzbein ist noch da.

Beobachtungsphase

Beobachten Sie sich jetzt in der gesamten geübten Seite von Kopf zu Fuß. Achten Sie auf Schulter und Rücken, auf Lenden- und Leistengebiet – oder anderes, was sich bei Ihnen nach dem Üben meldet. – Vergleichen Sie dann die geübte mit der nicht geübten Körperseite – und vergessen Sie dabei auch nicht die Fußsohlen.

Übungsanweisung/Fortsetzung

– Sie vergewissern sich, daß das Kreuzbein noch vorgefühlt da sein kann – oder sich wieder einstellt – und wenden sich dann der Fußsohle des noch ungeübten Beines zu. Ebenso wie bei der ersten Fußsohle bereiten Sie die Ausschleifbewegung vor – begleiten sie mit dem vorgefühlten Kreuzbein und dem nachschauenden Sitzbeinhöcker – und achten auf die gebeugte Großzehe. Nach dem Dehnen und Lassen der Ferse stellen Sie sich wieder ein auf die

Beobachtungsphase

Wie konnte dieses Bein, der Fuß und die ganze Körperseite reagieren? – Was hat mitgespielt im übrigen Körperbereich? – Wie sieht es für Sie im ganzen von Kopf zu Fuß aus? – Und kann das Kreuzbein noch vorgefühlt das Ganze mitanschauen? Nach diesem Beobachten könnte die Übung mit Ruhen und Nachklingen-Lassen beendet werden – oder Sie stellen sich ein auf die weitere Übungsphase.

Übungsphase/Fortsetzung

– Nehmen Sie sich nochmals ganzheitlich im Kontakt wahr. Sie beachten das vorgefühlte Kreuzbein – oder stellen sich nochmals darauf ein, es vorfühlen zu lassen.
– In der Nähe des Kreuzbeines, am unteren Rand des Beckengürtels, erkennen Sie die beiden Sitzbeinhöcker. Diese schauen mit ihren Kanten fersenwärts – durch den Beinraum und/oder am Boden entlang.
– Wenden Sie sich einem Sitzbeinhöcker besonders zu – und lassen Sie ihn von der Kante her fersenwärts vorfühlen – fersenwärts, und dann weiter zur gegenüberliegenden Wand. – Beobachten, wie es geht! – Nach einem kurzen Vergleich der beiden Seiten und der Erinnerung an das vorgefühlte Kreuzbein – kann sich der zweite Sitzbeinhöcker ebenso zur gegenüberliegenden Wand vorfühlen.

- Sie können beobachten, wie Ihre Beine und Füße, vor allem die Fußsohlen, darauf reagieren –
- und sind dann bei der Fußsohle der letztgeübten Seite. Die Fußsohle fühlt sich – eventuell mit Hilfe der drei Fußpunkte – zur gegenüberliegenden Wand vor. Seien Sie wach dafür, ob sich das Gespür einstellt, wirklich an der Wand „angekommen" zu sein. – Dann fühlt sich auch die andere Fußsohle wandwärts – ohne daß Sie das Kreuzbein und die erste Fußsohle dort verlieren.
- Überschauen Sie jetzt nochmals die ganze Situation, und beachten Sie auch Ihre Rückenauflage. Dabei erkennen Sie die beiden Schulterblattspitzen. Auch sie schauen (oder fühlen sich, falls es nicht zuviel wird!) durch Haut und Kleidung, am Boden oder unter dem Boden entlang wandwärts. Lassen Sie sich Zeit, dies zu erkennen.
- Vielleicht fällt es dem Kreuzbein jetzt nicht schwer, sich auch unter dem Boden zu der realen oder vorgestellten Wand vorzufühlen.
- Sie überschauen jetzt noch einmal den Kontakt vom Lenden-/Beckengebiet beinwärts mit allen angesprochenen erweiterten Kontakten (Kreuzbein – Sitzbeinhöcker – Fußsohlen – Schulterblattspitzen) –
- und verweilen dann bei dem Kontakt einer Fußsohle zur Wand hin, ohne die andere aus der Aufmerksamkeit zu verlieren. Sie bleibt zur Wand vorgefühlt, während die erste *an* der Wand das Anschleifen mit gebeugter Großzehe beginnt. Die Fußsohle findet bald vollen Kontakt zum Boden (dabei bleibt die Großzehe gebeugt) und schleift in ihrer Ganzheit, bis sie ihren Platz gefunden hat. (Das Knie ist nicht zu steil angewinkelt, die Großzehe läßt das Beugen.) Dort fühlt sie sich von der Ferse bis zu den Zehen durch den Strumpf und die Unterlage schräg zum Boden hin und in den Boden ein wenig ein. So braucht der Fuß nicht das Bein festzuhalten.
- Dieser so eingefühlte Fuß kann – nachdem Sie die Situation nochmals überschaut und sich der erweiterten Kontakte vergewissert haben – fein durchstoßen, und Sie können, ohne sich einzumischen, beobachten,

- wie jetzt die zweite Fußsohle von den Kontakten an der Wand her in gleicher Weise anschleifen kann. Die Fußsohle findet ihren Platz und fühlt sich schräg bodenwärts, nachdem die Großzehe das Beugen und die erste Fußsohle das feine Durchstoßen gelassen haben. (Anmerkung: Durch die vorgefühlten Kontakte geschieht die Bewegung des Anschleifens wie von alleine. Das bewirkt das Nervensystem.)
- Beide Füße stehen jetzt eingefühlt – bodenwärts-wandwärts – nebeneinander. Lassen Sie sich etwas Zeit, die ganze Lagerung jetzt von Kopf zu den Füßen hin zu überschauen – und stellen Sie sich dann ein, daß beide Füße gemeinsam ausschleifen werden.
- Die Fußinnenkanten berühren sich von der Ferse großzehenwärts. Beide Großzehen beugen bodenwärts in spürsamer Bewegung, damit die erweiterten Kontakte wandwärts erhalten bleiben: Kreuzbein – Sitzbeinhöcker – Schulterblattspitzen.
- So eingestellt, beginnen beide Fußsohlen gemeinsam das Ausschleifen. Das Kreuzbein vor allem bleibt immer mit dabei. – Wenn beide Beine in ausgegradeter Lagerung angekommen sind und Sie beobachtet haben, wie Sie sich jetzt von der Kopfauflage über den Wirbelsäulenbereich und das Kreuzbein bis zu den Fersen hin vorfinden – lassen die Großzehen das Beugen. Das verändert wieder leicht die Lage der Füße – und vielleicht Ihr Empfinden im ganzen. Beides sollten Sie wahrnehmen.

Abschließende Beobachtungsphase

Vielleicht können Sie noch beim Kreuzbein verweilen – und sich wie von dieser rückwärtigen Mitte her im ganzen wahrnehmen. – Oder Sie nehmen sich von der Kopfschale über die Kreuzbeinschale zu den Fersenschalen hin wahr. – Was wird Ihnen nun deutlich an feiner Bewegung, die noch innerlich andauert? – Wie empfinden Sie sich in Ihrer ganzen Länge von Kopf zu Fuß hin? – Vielleicht mögen beide Fersen jetzt nach dem ersten Beobachten gemeinsam so dehnen, daß das Achillessehnengebiet, und nur dieses, mitreagieren kann, während das Kreuzbein noch in Ihrer

Aufmerksamkeit bleibt. – Nachdem Sie danach wieder beobachten konnten, wie die Auswirkung dieser feinen Bewegung sich im Körperganzen mitteilt, beenden Sie das Üben so, wie es Ihnen guttut – und ruhen noch genügend nach.

Übung 5: Die Fußsohlen sehen und suchen den Boden

Vorbereitende Phase

Sie richten sich zum Üben in der Rückenlage ein und haben sich das Eschenrundholz bereitgelegt. Wie gewohnt, überschauen und spüren Sie zum Beginn des Übens, wie Sie sich im Kontakt zum Boden vorfinden – und können dabei beide Beine und Füße gleichzeitig üben. Nachdem Sie sich im ganzen wahrgenommen haben, stellen Sie sich ein auf die eigentliche

Übungsanweisung/Phase 1

- Legen Sie das Eschenrundholz (gerade Seite nach unten) unter die Oberschenkel, daß es möglichst nah an das Gesäß kommt. – Entweder halten Sie Holz- oder Tennisbälle in den Händen oder lassen beide Hände seitlich ans Holz fassen und beachten dabei, daß die Handkanten mit den Kleinfingern im Kontakt zum Boden liegen können.
- Nehmen Sie sich in dieser neuen Situation vom Kopf zu den Fersen hin im Kontakt wahr – und beachten Sie, was Sie jetzt als angenehm oder unangenehm, als verändert und neu erfahren. – Die Fersen können ganz zueinanderfinden und die vorderen Füße sich seitlich lassen.
- Nun kann sich der Beckenbereich im ganzen zum Boden hin spüren. Die Lagerung und die Kontaktmöglichkeit sind durch das Holz unter den Oberschenkeln verändert.
- Gehen Sie behutsam und spürsam etwas vom Becken her nach oben – zum Bereich zwischen Beckenrand und Brustkorb, dem

Lendengebiet. Es kann sich durch die Kleidung bodenwärts und gleichzeitig beckenwärts in einer leichten Schräge hinspüren.

- Das Kreuzbein innen im Beckengürtel aufsuchen! Es ist da in seiner geschwungenen Dreiecks- und Schalenform, mit seiner Rückseite und seiner Innenseite. Es fühlt sich von seinem stumpfen Ende her vor – in seiner Schalenform – schräg durch die Beckenhaut und die Kleidung – und in gleicher Richtung durch die Matte und unter der Bodenoberfläche, parallel zu ihr, zu den Fersen hin. (Es bleibt dort natürlich unterhalb der Bodenoberfläche!)
- Wenn das Kreuzbein sich vorfühlen konnte, beobachten Sie, was dies für den Beckenkontakt bedeutet – und ob Sie Lenden- und Beckengebiet in einem wahrnehmen können.
- Kommen Sie dann vom Beckenbereich zu beiden Oberschenkeln. Diese haben Kontakt zur Kleidung – und dann auch zum Eschenholz. Lassen Sie beide Oberschenkel die Auflageflächen zum Holz als Kontakt wahrnehmen – und dann ebenso beide gemeinsam sich schräg durch das Holz boden-/fersenwärts fühlen. (*Schräg*, weil die weiteren Beinbereiche auch gespürt und „versorgt“ werden sollen.)
- Während die Oberschenkel sich weiter so durchfühlen, kommen Sie zu *den* Oberschenkelbereichen, die keinen Kontakt mehr zum Holz haben, und zu den Kniekehlen. Auch diese fühlen sich gemeinsam schräg bodenwärts-fersenwärts – durch die Kleidung und über den Abstand hinweg zum Boden. – Die beiden Unterschenkel schließen sich ebenso übend an. Achten Sie dabei gut auf die beiden Achillessehnengebiete zwischen Wade und Ferse. – Und die Oberschenkel fühlen sich immer noch durch!
- Nach dem Übergang vom Achillessehnengebiet können sich beide Fersen gleichzeitig auf dem Boden spüren. Sie beachten, wie Sie die eine – und die andere Ferse wahrnehmen: gleichartig oder unterschiedlich.
- Beide Fersen sind also da – und Sie wenden sich jetzt einem Fuß besonders zu.

- Die Ferse fühlt da, wo sie aufliegt, durch Strumpf und Matte zum Boden hin – und die Fersenhaut aller anderen Bereiche kann sich zum Strumpf hinspüren.
- Von der Fersensohle aus beginnend kann sich die gesamte Fußsohle zehenwärts zum Strumpf fühlen. Beachten Sie dabei auch die fünf Zehensohlen mit der Richtung auf die Zehenkuppen hin.
- Dann spürt sich die innere Fußkante, von der Fersenkante her beginnend, zum Strumpf – mit der Richtung auf die Großzehe hin. Auch die Großzehe hat seitlich Kontakt zum Strumpf.
- Ebenso übt die äußere Fußkante bis zur Kleinzehe hin.
- Erfahren Sie den Fußgelenkbereich im Spüren zum Strumpf und mit der Verbindung zur Ferse; den anschließenden Fußrücken im Kontakt zum Strumpf und mit der Verbindung zu den Fußkanten; die vorderen Zehenseiten im Kontakt zum Strumpf – und erinnern Zehenzwischenräume und Zehensohlen.

Kurze Beobachtungsphase

Beachten Sie jetzt den geübten Fuß insgesamt: Was ist deutlich geworden? – Wie empfinden Sie Form und Volumen und Konturen? – Vergleichen Sie den geübten mit dem nicht geübten Fuß.

Übungsanweisung/Fortsetzung

- Üben Sie den zweiten Fuß von der Ferse ausgehend ebenso wie den ersten, nachdem Sie sich nochmals an das vorgefühlte Kreuzbein erinnert haben.

Beobachtungsphase

Vergleichen Sie den jetzt geübten Fuß mit dem erst geübten! – Überschauen Sie sich dann im ganzen – von Kopf zu den Füßen hin. – Wie wirkte sich das Üben mit den Beinen und Füßen im oberen Bereich aus? – Wenn Sie sich darüber klar sind, schieben Sie behutsam das Holz unter den Oberschenkeln weg – und bleiben bei den nötigen Bewegungen im geübten Bereich! – Beobachten, was jetzt ohne Holz für Sie deutlich und erfahrbar wird!

Übungsanweisung/Fortsetzung

- Indem Sie gut auf die Fersen und Füße eingestellt bleiben, kommen Sie zur Auflage der Kopfschale. (Kopfschale ist „Pendant" zur Kreuzbeinschale!) Die Kopfschale fühlt sich entgegengesetzt zur Kreuzbeinschale leicht schräg in den Boden ein – mit Richtung auf eine gegenüberliegende (reale oder vorgestellte) Wand. – Sind die Fersen noch dabei?
- Dann beobachten und spüren Sie großzügig vom Hinterkopf her kommend den rückwärtigen Hals – den gesamten Rückenbereich – Becken –Beine – Fersen – Füße.
- Lassen Sie anschließend wie spielerisch ein Knie zum Brustkorb kommen.
  Eine Hand hält oder beide Hände halten das Knie gefaßt.
- Beachten Sie, was sich dadurch für die Beckenauflage verändert hat – und wie sich Rücken- und Lendengebiet verhalten.
- Die Fußsohle des angewinkelten Beines schaut (in irgendeiner Richtung) zum Boden. Sie nehmen dies wahr – lösen dann die Hand/die Hände, lassen die Sohle den Boden suchen und finden. Dabei bleiben Sie immer freundlich auf die Sohle eingestellt (d.h. also, nicht einfach das Bein abstellen, aber auch nicht die Bewegung verlangsamen). – Die Sohle findet Ein-Stand am Boden, fühlt sich durch den Strumpf, die Matte zum Boden – und in den Boden – wie zu einem unteren Boden (ca. 10 cm unterhalb des realen Bodens). – Ankommen.
- Die eingefühlte Fußsohle hilft mit einem leichten Abstoßen, daß auch das zweite Knie spielerisch zum Brustkorb findet.
- Sie beobachten und üben auf dieser Seite wie bei der vorhergehenden –
- bis beide Füße eingefühlt nebeneinander am Boden stehen. Sollten sie unterschiedlich angekommen sein, ordnen Sie jetzt die Füße nebeneinander.

- Dann beugen beide Großzehen freundlich bodenwärts – und bleiben während des anschließenden Ausschleifens der Füße gebeugt.
- Beide Fußsohlen schleifen also mit gebeugter Großzehe, damit die Fußinnenkante gut dabeibleiben kann. Das Kreuzbein schaut nach – und ist auch gleichzeitig noch vorgefühlt.
- Erst wenn beide Beine ausgegradet angekommen sind, lassen die Großzehen das Beugen. Die Fußsohlen haben Kontakt zu den Strümpfen oder Blickkontakt zur gegenüberliegenden Wand oder einem Gegenstand.

Beobachtungsphase

Beobachten Sie jetzt ausgiebig, was in Ihnen ruht oder in Bewegung gekommen ist, ohne sich einzumischen. – Vielleicht haben Sie irgendwann das Bedürfnis, beide Fersen gemeinsam oder einzeln etwas über den Boden wandwärts vorzuschieben. Gehen Sie sehr behutsam mit sich während der kleinen Bewegung um, d.h. das Kreuzbein sollte mit im Sinn sein. – Dann wieder ruhen und beobachten. –
Nach einer guten Pause könnte sich die weitere Übungsphase anschließen – falls es noch sein soll. Es kann auch einfach so beendet werden oder sich ein kurzes Nachspüren und Ordnen im Stehen anschließen.

Übungsanweisung/Phase 2

Ordnen Sie sich wieder in Rückenlage zum Üben, und halten Sie dabei Tennisbälle oder Holzkugeln in den Händen.
- Spüren Sie von der Hinterkopfauflage bis zu den Füßen hin den Kontakten zum Boden und zur Kleidung nach. Vielleicht erinnert sich einfach manches von der vorausgegangenen Übungsphase.
- Beachten und spüren Sie dann nochmals Lenden- und Beckengebiet in einem – bodenwärts-fersenwärts. Beide Beine schließen sich ebenso kontaktnehmend in dieser Spürrichtung an. Sie

erkennen und spüren beide Füße mit Fersen und Sohlen im Kontakt zu den Strümpfen.

- Dann stellt sich eine Fußsohle nach der anderen spielerisch auf – und hat Zeit, sich durch Strumpf und Matte zum Boden hin zu spüren. (Dabei ist es wichtig, daß beide inneren Fußkanten nicht zu weit voneinander entfernt und parallel ausgerichtet sind. Die Zehen schauen geradeaus. – Ein gemäßer Winkel im Kniekehlenbereich ist gefragt, daß sich die Stellung der Unterschenkel nicht zu steil oder zu flach ergibt.)
- Sie beachten wieder, was diese Veränderung der Lage für den gesamten Rücken- und Beckenbereich bedeutet/bewirkt.
- Ein Knie kommt dann wie spielend zum Brustkorb. Eine Hand unterhalb des Knies hält das Bein. Die Hand mit den Fingern fühlt sich ein, damit die Schulter und der Arm frei bleiben. Das Kreuzbein bleibt vorgefühlt im Bewußtsein.
- Das andere Knie kommt ebenfalls zum Brustkorb. Die Hand dieser Seite verhält sich wie oben angegeben. Nachspüren. Nochmals das Kreuzbein erinnern und eventuell die Sitzbeinhöcker.
- Beide Hände holen dann die Knie etwas weiter brustwärts – und lassen diesen Zug wieder.
- Im Rückenbereich nachspüren, was dort geschehen kann – oder sich andeutet!
- Mit der Einstellung und Aufmerksamkeit jetzt beim Rücken bleiben – und bei den Fußsohlen, die zur vorderen Wand schauen.
- Die Haut einer Rückenseite – vom Schulterblattbereich bis zum Becken hin – fühlt sich von der Wirbelsäule her seitlich zum Boden. Fühlsam! – Die Haut bewegt den Rücken, so daß ein leichtes Rollen zu dieser Seite hin geschieht. – Der Kopf reagiert in feiner Weise mit auf diesen Impuls von der Rückenhaut her. – Die Haut bewegt auch den Rücken wieder zurück zur Mitte. – Kurze Pause und beobachten.
- Die rollende Fühlbewegung mit der gleichen Seite wiederholen.
- In der Mitte zurückgekommen – wieder ruhen und beobachten.

- Dann die Rückenhaut der anderen Seite ebenso üben lassen. (Die Bewegung geht von der Rückenhaut und nicht von den Knien aus. So kann die Wirbelsäule sich erholen und das Lendengebiet etwas Heilsames erfahren.)
- In der mittleren Lage wieder ruhen und beobachten.

Übungsanweisung/Fortsetzung

- Sich darauf einstellen, daß die Fußsohlen abschließend zum Boden schauen. Seien Sie aufmerksam auf eine Fußsohle – und den Kontakt der Sohle zum Strumpf von der Fersensohle bis zu den Zehensohlen hin. Erkennen Sie für diese Sohle die Richtung und den Abstand bodenwärts.
- Die Hand läßt das Bein frei – und die Fußsohle sieht und sucht den Boden in der erkannten Richtung. – Sind Sie wach dafür, wie die Fußsohle ankommt: Ferse – oder Zehen – oder Fußkante – oder? – und dann?
- Ganz auf der Unterlage angekommen, fühlt sich der Fuß von der Sohle her wieder durch Strumpf und Unterlage zum Boden hin – und leicht in den Boden ein.
- Nachdem die andere Fußsohle nochmals bewußt im Kontakt zum Strumpf und im Blickkontakt zum Boden erkannt und angesprochen ist, löst sich die Hand vom Bein, und diese Sohle übt in gleicher Weise. (Dabei ist die erste eingefühlte Sohle hilfreich, damit die Muskulatur im Mund- und Rachenraum frei bleiben kann.)
- Beide Fußsohlen finden sich dann nebeneinander ein, ohne die Qualität „Eingefühlt-sein" zu verlieren, auch wenn sie sich erst zueinander ordnen müßten.
- Beide Fußsohlen werden miteinander ausschleifen. Dazu beugen sich beide Großzehen bodenwärts – und bleiben gebeugt (nicht gekrallt!). Die Fußsohlen halten auch über den eventuell feinen Abstand hin den Kontakt zum Boden, und die Großzehen geben die Richtung nach vorne an, auch wenn sie gebeugt sind.
- Mit guter Einstellung auf das Kreuzbein, das den Fersen und Sohlen nachschauen wird, kann das Ausschleifen der Sohlen

beginnen. – Die Großzehen bleiben gebeugt, auch wenn die Sohlen sich irgendwann vom Boden lösen müssen – und erst wenn beide Beine im Kontakt angekommen sind, lassen die Großzehen das Beugen.

- Warten, bis Sie das Gefühl haben, Sie sind ganz angekommen. Dann kann sich eventuell eine Ferse nach der anderen behutsam vorschieben/dehnen, falls Sie die Beine im Achillessehnengebiet als zu kurz empfinden. (Die Bewegung des Vorschiebens erreicht also lediglich das Achillessehnengebiet, nicht den Oberschenkel oder das Hüftgelenk.) Dehnen – und lassen.

Abschließende Beobachtungsphase

Nach dem Fersendehnen sich im ganzen auf Ruhe und Beobachten einstellen. Nicht mehr üben. – Wo ist etwas in Bewegung, in feinste Bewegung geraten? (Rückenbereich – Leistengebiet – Lendengebiet – Brustkorb – oder?)
Vielleicht mögen Sie das Ganze im Stehen beenden und spüren, wo und wie Ihre Fußsohlen jetzt einen Platz auf dem Boden einnehmen.

Übung 6: Mit den Zehen „lockere Erde" wegschieben

Vorbereitungsphase

Richten Sie sich in Bauchlage zum Üben ein. In den Händen halten Sie Tennisbälle oder Holzkugeln. Die Handrücken – oder Daumen- und Zeigefingergegend der Hand – haben Kontakt zum Boden. – Wie finden Sie sich vor von Kopf zu den Füßen hin? Liegen Sie gegradet auf der Matte – oder schräg? (Eventuell korrigieren!) – Können Sie ganzheitlich da sein oder teilweise? In welchen Bereichen empfinden Sie sich mehr klar oder mehr undeutlich? – Haben Sie bereits ein Gefühl für die beiden Großzehen? Können diese gegradet nebeneinanderliegen? – Wie erfahren Sie die seitliche Kopfauflage, wenn Sie bei den Großzehen verweilen?

Übungsphase

- Der Unterbauch in der ganzen Breite fühlt sich bodenwärts und gleichzeitig in leichter Schräge fußwärts.
- Dann erinnern Sie sich an das Kreuzbein, das jetzt mit seiner Rückseite nach oben gerichtet ist. Sie können in einfacher Weise darum herumspüren – oder an der Rückseite, dann an der Innenseite einmal entlangspüren – von der oberen breiten Kante in Richtung auf das Steißbein zu. – Dann erinnern Sie sich, daß an der Breitkante eine Bandscheibe aufsetzt, um die Sie herumgehen können – und an die Bandscheibe sich der 5. Lendenwirbel anschließt. Auch um diesen spürsam herumgehen. Es ist auch Raum zwischen Lendenwirbel und Rückenhaut!
- Spüren Sie nach, ob und wie die Einstellung auf diesen rückwärtigen Bereich sich eventuell auf den Kontakt vom Unterbauch zum Boden hin ausgewirkt hat.
- Gehen Sie dann weiter zu beiden Leistengebieten, die sich bodenwärts spüren können – finden Sie so den Übergang zu beiden Oberschenkeln, die sich boden- und kniewärts spüren. Von den Knien her läßt sich eventuell ein „Zu-viel" in den Boden entlassen – beide Knie fühlen sich dann boden- und fußwärts.
- Beide Unterschenkel schließen sich in gleicher Weise an (fühlen boden- und fußwärts!) – und Sie haben schon die Großzehen als Richtungsweiser im Sinn. Falls die Unterschenkel einen größeren Abstand zum Boden haben, lassen Sie die Unterschenkel in ihrer Form zum Boden fußwärts spüren – über den Abstand hinweg.
- Dann zum Sprunggelenkbereich, zum Fußrücken und zu allen Zehen kommen, fühlsam. Alle Zehen fühlen bodenwärts – auch wenn sie nicht direkt ankommen. Die Großzehe behält „Dominanz" und die Richtung geradeaus. Gut ist es, alle Zehenkuppen über den Boden vorfühlen zu lassen – zu einer Begrenzung

hin. Beobachten und beachten, was möglich ist – und es so annehmen.

- Die Fußsohlen von der Ferse bis zu den Zehenkuppen hin erkennen – und zum Strumpf hin erspüren.
- Die Entfernung bei beiden Füßen von den Zehenkuppen zu einer Begrenzung hin sollte gleichmäßig sein.
- Auch die Fußsohlen könnten sich zu der Begrenzung – einer realen oder vorgestellten Wand – hin vorfühlen, beide gleichzeitig – oder eine nach der anderen. Das Kreuzbein erinnern!
- Bei den Fußsohlen bleiben – und sich der Kopfauflage zuwenden. – Oder beobachten, wo der Kontakt zum Boden oder die Gegenwärtigkeit verlorengeht. Warum? Was geschieht dabei?
- Der Kopf fühlt sich hauptwärts in den Boden. Da die Fußsohlen und Zehen sich vorgefühlt haben, könnten sich Haupt- und Scheitelgebiet (mit den Haaren) zur entgegengesetzten Wand vorfühlen. – Was bedeutet es für Sie, wenn es so geschehen kann? – Können die Füße noch dabeisein?
- Vom Kopf zur Halsseite kommen, die den Boden sieht. Dort einfach spürsam entlanggehen – vielleicht mit Einstellung auf die Haut – und dann
- weiterkommen zum Brustkorbgebiet – zum Oberbauch. Alles nimmt Kontakt zum Boden, nochmals auch der Unterbauch. Dann überschauen Sie beide Leistengebiete, beide Beine und Füße – und beachten, ob beide Füße mit „wachen" Fußsohlen und Zehenkuppen noch da sind –
- und nehmen dann beide Arme dazu in Ihre Aufmerksamkeit, daß sie Kontakt finden: von den Schultern her die Oberarme boden- und ellbogenwärts, die Unterarme mit den Handgelenkbereichen boden- und handwärts – und die Hände spüren den Boden von der Handkante her und von der Handinnenfläche die Gegenstände, die sie umgreifen.

Beobachtungsphase

Sich dann im ganzen vom Kopf bis zu den Füßen hin wahrnehmen – dann aber kurz pausieren oder sich leicht dehnen, ohne das Geübte zu verlieren.

Weitere Übungsphase

- Jetzt in der Bauchlage eventuell die Hände flach unter die Leistengebiete oder unter die Oberschenkel legen. Erspüren Sie, was sein soll. (Es kann auch zwischendurch verändert werden.) Dann die Bereiche über den Händen durch die Hände fußwärts zum Boden spüren. Lassen Sie sich dazu Zeit.
- Mit dem Spüren sind Sie jetzt gut fußwärts orientiert – und richten sich dann so ein, daß sich bei einem Fuß die Zehen so aufstellen, daß deren Unterseiten, die Zehensohlen, zum Boden kommen, die Zehenkuppen schauen kniewärts. Die Großzehe mit ihrer Sohle sollte gut dabei sein. – Alle Zehen könnten sich freundlich einfühlen – und wenn dann der Impuls, das Gespür dafür kommt, beginnen alle Zehen gemeinsam, nach rückwärts Erde wegzuschieben. Lockere Erde! Gut dranbleiben – und beobachten, was geschieht, wenn die Zehen wieder mit ihren Vorderseiten am Boden ankommen! Im ganzen – und besonders vom Kreuzbein her dasein!
- Wieder alle Zehen mit den Zehensohlen aufstellen und einfühlen lassen! – Der Oberschenkel bleibt am Boden und ruht sich aus.
- Dann achten Sie besonders auf die Großzehe – und lassen bei der Rückwärtsbewegung, beim Wegschieben der Erde, die Großzehe die Bewegung anführen. Die anderen Zehen bewegen sich mit. – Wie kommt der Fuß jetzt an? – Was geschieht und folgt, wenn alle Zehen wieder angekommen sind?
- Lassen Sie dann die Zehen sich wieder aufstellen. Gebeugt fühlen sie sich von den Zehensohlen her ein. – Dann führt die zweite Zehe an beim „Wegschieben der lockeren Erde“. Wieder kommt der Fuß ganz an – und ruht sich aus, ebenso das Bein. –

Wohin hat die Bewegung gewirkt? – Wie reagiert der Rücken darauf? Und das Kreuzbein?

- Nach einer Weile stellen Sie wieder die Zehen auf – und lassen die Zehensohlen sich boden- und rückwärts in die Bewegungsrichtung einfühlen. Nun übernimmt die mittlere Zehe die Führung. Dabei bleibt die Richtung der Großzehe wichtig. Die Ferse bleibt weiterhin oben, auch wenn jetzt die dritte Zehe die Führung hat. – Den Fuß wieder völlig ankommen lassen – und während das Bein und der Fuß ruhen, beobachten Sie freundlich, wohin diese Bewegung sich auswirken konnte.
- In gleicher Weise üben Sie das „Wegschieben der lockeren Erde" mit der vierten und fünften Zehe, auch wenn diese dabei nicht am Boden ankommen sollten.
- Nach dem Üben mit der Kleinzehe sind Sie aufmerksam dafür, wo die Wirkung im Leibbereich zu spüren ist – außer am Fuß. – Dann vergleichen Sie beide Beine und Füße. – Beobachten und vergleichen Sie beide Körperseiten von den Schultern her. – Nehmen Sie beide Hände unter dem Leisten- oder Oberschenkelgebiet heraus – und beobachten Sie wieder.
- Dann könnten Sie sich behutsam in die Rückenlage wenden – und erneut beachten, welche Wirkung jetzt deutlich wird. Was empfinden Sie jetzt?

Nach diesem Üben und achtsamen Nachspüren kann eine Ruhephase folgen.

Übungsphase für die zweite Seite

- Ordnen Sie sich wieder in Bauchlage zum Üben ein – und nehmen Sie dabei eventuell die Hände unter die Oberschenkel. Es können sich die Oberschenkel durch die Hände boden- und fußwärts fühlen – aber auch die Hände sich in die Oberschenkel fußwärts fühlen, wenn es angezeigt und „dran" ist.
- Überschauen Sie den Kontakt im ganzen von Kopf zu Fuß – und achten Sie wieder auf die Richtung der beiden Großzehen.

- Suchen Sie jetzt im rückwärtigen Beckengürtel das Kreuzbein auf, erinnern sich an seine Gestalt und Form – und beachten Sie, daß es zwischen Beckenhaut und Kreuzbein einen feinen luftigen Raum gibt. – An das Kreuzbein nach oben zu schließt sich nach einer Bandscheibe der 5. Lendenwirbel an. Gehen Sie einmal freundlich um ihn herum –
- und beobachten Sie dann, was diese Einstellung nach innen für den Kontakt zum Boden gebracht hat.
- Dann kann sich der Kopf wieder hauptwärts einbetten. Hals und Rumpf, Leisten, Beine und Füße können im Kontakt gespürt werden. Die Fersen und Fußsohlen spüren sich zu den Strümpfen; Zehenkuppen und Fußsohlen suchen den Kontakt über sich hinaus zu einer Wand hin.
- Erkennen und spüren Sie nochmals das geübte Bein –
- und wenden Sie sich dann dem zweiten Fuß zu. Die Zehen stellen sich auf die Zehensohlen. Diese fühlen sich freundlich wandwärts ein, die Zehenkuppen schauen kniewärts.
- Wenn es für Sie soweit ist, schieben die Zehen gemeinsam wieder die Erde nach rückwärts weg. Die Großzehe gibt die Richtung an, die Ferse bleibt aufgerichtet. – Nachspüren, wenn der Fußrücken und die Vorderseiten der Zehen wieder am Boden angekommen sind. Was im Leibbereich konnte mitspielen, mitreagieren?
- Stellen Sie wiederum die Zehensohlen auf, damit sie sich einfühlen können. Dann führt die Großzehe die Bewegung an, wenn alle Zehen die Erde wegschieben. Wenn der Fuß angekommen ist, beobachten Sie das Bein und den Rückenbereich.
- Üben Sie dann ebenso mit der 2. und den weiteren Zehen – und lassen Sie zwischendurch den Fuß und das Bein total ausruhen, damit Sie erspüren, wohin die Wirkung geht. – Die Großzehe bleibt immer führend mit im Spiel, weil sie die Richtung angibt. Jede einzelne Zehe braucht gute Beachtung, wenn sie die Führung in der Bewegung übernimmt, auch wenn alle Zehen beteiligt sind. – Es ist hilfreich, zwischendurch das Kreuzbein zu erinnern und aufzusuchen, auch wenn die Zehen sich aufstellen oder in der Bewegung sind. – Eine Vorstellungs- und Übungs-

hilfe ist die Einstellung auf „lockere Erde“ oder „Sand“, damit der Fuß im Gelenkbereich besser nachgeben kann.

Beobachtungsphase

- Nachdem der 2. Fuß mit allen fünf Zehen üben konnte, erkennen und beachten Sie nochmals die gesamte Körperseite – und nehmen auch die erstgeübte Seite vergleichend mit dazu.
- Die Hände können jetzt unter den Oberschenkeln herausgenommen werden. Wie erfahren Sie sich so? – Was ergibt sich jetzt – und was verändert sich für Sie dadurch?
- Wenden Sie sich dann in Rückenlage, und beobachten Sie sich nochmals im ganzen. – Nachruhen.

Aussagen von Übenden, nachdem die erste Seite geübt war:

- Ich fühle mich wie zweigeteilt. Auch die Gesichtshälften sind unterschiedlich.
- Bei mir ordnet sich die ganze Seite. Meine Flanken leben auf.
- Ich konnte wahrnehmen, wie die Wirbelsäule sich gestreckt hat. Der Lendenbereich wurde wach und kam in Bewegung. Der übende Fuß legte sich besser ab.
- Jede Zehe spricht einen anderen Leibbereich an. In der Rückenlage fand die übende Seite mehr Raum und Kontakt. Durch die unterliegenden Hände geschieht Bewegung von oben nach unten.
- In Rückenlage war der Unterschied der beiden Seiten so stark, daß ich meinte, im Liegen zu „kippen“; ich lag in der Längsrichtung wie stufig.
- Wenn ich die Linie der Großzehe verloren hatte, fühlte ich Schmerzen im Schulterblattgebiet. Jede einzelne Zehe wurde deutlich erkenn- und spürbar.
- Zum Schluß der Übung erfuhr ich auf der übenden Seite einen ganzheitlich durchgängigen Raum. Einzelne Bereiche waren nach unterschiedlicher Zehenbewegung noch undifferenziert wahrnehmbar.

- Ich bekam beidseitig warme Füße. – Die geübte Seite empfand ich länger. – Die 2. und 3. Zehe waren für mich schwierig aufzuspüren. Beim Bewegen der Zehen und auch danach, wenn der Fuß wieder angekommen war, hatte ich das Gefühl wie „Durchzug" von oben bis unten. – Die geübte Seite erschien wie nach oben und unten gelängt – aber die ungeübte schmerzte, als sei sie zusammengezogen.
- Die 2. Zehe verursachte ungeheure dominante Schmerzen im 2. Brustwirbel. – In Rückenlage empfand ich das Bein sehr groß und den Fuß wie eine Schwimmflosse.
- Jede Zehenbewegung machte sich im Bereich der Wirbelsäule bemerkbar, die der Kleinzehe auch noch am Schulterblatt.
- Ich hatte zunächst Schmerzen im Kreuzbeingebiet. Bald aber empfand ich das Lendengebiet wie fülliger, und die Schmerzen auch im Schulter- und Nackenbereich ließen nach. Die Großzehe tat beim Üben mit der Kleinzehe weh.
- Das Sprunggelenk legte sich besser ab. In Rückenlage erschien die gesamte geübte Seite größer, voluminöser.
- Ich empfand eine Durchgängigkeit vom Kopf über die Schultern zu den Füßen hin, vor allem bei der 2. und 3. Zehe.
- Beim entgegengesetzten Spüren über sich hinaus – von der Kopfauflage hauptwärts – empfand ich ein gutes Gefühl der Streckung. – Der Fußrücken gelangt näher zum Boden. In anschließender Rückenlage findet das Lendengebiet besseren Kontakt.

Übung 7: Widerstandsübung als „Durchstoßen" mit den Füßen – und Ablegen mit den fünf Lendenwirbel-Dornfortsätzen

Vorbereitung auf das Üben

Bevor Sie dieses Üben am Boden beginnen, schauen Sie sich in einem Anatomie-Atlas oder an einem Modell die fünf Lendenwirbel an – in ihrem Bau und in ihrem Zueinander-Gefügtsein. Der

runde Körper eines Lendenwirbels ist hoch und breit, am kräftigsten von allen Wirbeln. Auch die Dornfortsätze der Lendenwirbel sind stark, an beiden Seiten etwas abgeplattet. Obwohl sie im ganzen horizontal gestellt sind, schaut das untere Ende eines Dornfortsatzes jeweils zum Kreuzbein hin. Allen Wirbeln sind die Zwischenwirbelscheiben als Verbindung und Schutz zugeordnet. Die 5. Lendenbandscheibe verbindet den 5. Lendenwirbel mit dem Kreuzbein (siehe Abb. 10).
Beachten Sie, daß in der Übungsanweisung das Wort „durchstoßen" vorkommt. Es wird nicht der Begriff „durchdrücken" gebraucht, weil dieses Wort leicht dazu führt, sich unbewußt im Hals zu verengen. – Beim „Durchstoßen" geschieht vom Übenden her selbst ein eindeutiger erhöhter Widerstand – von der Fußsohle her in den Boden, in angegebener Richtung. Dennoch gehört diese „Widerstandsübung" in den Bereich des dritten Prinzips, der Bewegung.

Vorbereitende Übungsphase

Sie haben das Ausschleifen der Füße geübt, so wie es innerhalb einer anderen Übung (Nr. 4) angegeben ist. Ruhen Sie nach, und genehmigen Sie sich eine Pause. Dann erst kann o.g. Übung beginnen.

Übungsanweisung

Sie sind in Rückenlage von Kopf zu Fuß geordnet da – und versichern sich nochmals der Kontakte boden- und fersenwärts, die Fußsohlen im Kontakt zum Strumpf.

- Ebenso sind die folgenden Kontakte wieder zu erkennen oder übend wachzurufen: Das Kreuzbein in seiner Schalenform unter dem Boden fersen- und wandwärts; die Sitzbeinhöcker von der Sitzkante her schräg zum Boden und am Boden entlang fersen- und wandwärts; die Fußsohlen von der Ferse bis zu den Zehen im Kontakt zu den Strümpfen und darüber hinaus im Kontakt zur gegenüberliegenden realen (oder vorgestellten) Wand.

– Ohne die Kontakte von Kreuzbein und Sitzbeinhöcker aus der Aufmerksamkeit zu verlieren, stellen sich die Fußsohlen in der bekannten Weise auf: Während die eine Fußsohle im Kontakt zur Wand bleibt, stellt sich die andere auf, kommt an und fühlt sich zum Boden ein. Wenn sie eingefühlt ist, kann sie fein durchstoßen und hilft so der anderen Fußsohle, fast wie von alleine in die Bewegung zu kommen – und sich auch aufzustellen, neben die erste, die schon eingefühlt da ist. Die zweite Fußsohle fühlt sich dann auch ein – und gibt anschließend ebenfalls einen kleinen Widerstand in den Boden, damit beide Füße ausgeglichen dasein können. Die inneren Fußkanten berühren sich.
– Stellen Sie sich jetzt so ein, daß beide Fußsohlen gemeinsam – mit Fersensohle, mittlerer Fußsohle und dem Zehensohlenbereich – sich durch Strümpfe, Unterlage und Boden direkt unter dem Boden vorfühlen können (so, wie es das Kreuzbein immer tut und auch jetzt vorgefühlt da ist!). Diese Fühl-Richtung von den Fußsohlen her unter dem Boden wandwärts sollte ganz klar sein; vielleicht hilft die Vorstellung von Skiern unter dem Boden!
– Wenn beide Fußsohlen sich so vorfühlen konnten, versuchen sie auch gemeinsam, in der gleichen Winkelstellung und -richtung unterhalb des Bodens wandwärts durchzustoßen.
– Während dies geschieht, beobachten Sie, ob sich eine feinste Reaktion daraufhin am Kreuzbein/im Kreuzbeinbereich zeigt. (Voraussichtlich wird dieses in feiner Weise verlagert, und die Lendenwirbel haben die Möglichkeit, sich eventuell behutsam dem Boden anzunähern. Auch wenn dieses nur flächig, d.h. vom Lendengebiet her, geschehen könnte, bleiben Sie in der Übung.)
– Bleiben Sie ebenso bei den Fußsohlen, die unter dem Boden wandwärts durchstoßen.
– Stellen Sie sich jetzt darauf ein, daß nunmehr gleichzeitig die Dornfortsätze der Lendenwirbel sich von oben nach unten zu, d. h. mit dem 1. Lendenwirbel beginnend, sich durch die Haut zum Boden hin orientieren und ablegen werden.
– Nun ist es so: Sie sind bei den Füßen – und im Geist ganz bei dem 1. Lendenwirbel. Sie erkennen in sich diesen Lendenwir-

bel, gehen um den runden Wirbelkörper freundlich herum – und lassen ihn vom Dornfortsatz her sich durch Haut und Kleidung zum Boden hin orientieren und ablegen, ankommen.

- In gleicher Weise gehen Sie mit Ihrer Aufmerksamkeit zum 2. Lendenwirbel – sprechen ihn an – und lassen ihn vom Dornfortsatz her zum Boden schauen und ankommen.
- Mit dem 3., 4. und 5. Lendenwirbel üben Sie entsprechend und mit guter Aufmerksamkeit. (Beachten Sie, daß der 5. Lendenwirbel bereits in der Höhe der seitlichen Beckenkämme angesiedelt ist.)
- Bei diesem Ablegen der Lendenwirbel-Dornfortsätze geben natürlich die Fußsohlen beim Durchstoßen entsprechend, etappenweise, nach: Achten Sie darauf, ohne sich einzumischen und etwas daran mithelfen zu wollen. – Wenn nach und nach die Lendenwirbel und das Kreuzbein am Boden angekommen sind, haben auch die Fußsohlen das Durchstoßen ganz gelassen.

Pause und Beobachtungsphase

Die Füße bleiben eingefühlt stehen. Warten Sie ruhig, beobachten Sie freundlich, was dieses erste Durchstoßen der Füße in Ihrem Leibganzen bewirken konnte.

Übungsanweisung/Fortsetzung

- Beachten Sie nochmals das vorgefühlte Kreuzbein – und dann können beide Fußsohlen gemeinsam wieder in gleicher Weise unter dem Boden wandwärts durchstoßen, d. h. Sie entwickeln von den Fußsohlen her in dieser Richtung einen tatsächlichen, erhöhten Widerstand. Während Sie im Durchstoßen bleiben, legen sich 1., 2., 3., 4. und 5. Lendenwirbel von den Dornfortsätzen her spürsam bodenwärts ab. Das Durchstoßen läßt entsprechend nach.

Pause und Beobachtungsphase

Die Füße bleiben eingefühlt am Boden stehen. Sie ruhen nach und warten beobachtend auf das, was sich innerlich tut und eventuell fein in Bewegung kommen will – ohne daß Sie sich irgendwie einmischen.

Übungsanweisung/Fortsetzung

- Wiederholen Sie die Übung ein weiteres Mal in o.g. Weise, einschließlich der Beobachtungs- und Ruhephase.
- Abschließend lassen Sie beide Fußsohlen gemeinsam ausschleifen. Dazu bleiben die Füße nebeneinander, Fußkante an Fußkante, die Großzehe beugt bodenwärts, das Kreuzbein und die Sitzbeinhöcker sind mit im Bewußtsein oder schauen nach, wenn die Sohlen ausschleifen. Die Großzehe, obwohl gebeugt, gibt die Richtung an – wandwärts.
- Wenn beide Beine ausgegradet angekommen sind, beobachten Sie zunächst und warten etwas zu. Eventuell wollen Sie nach einer kurzen Pause beide Fersen etwas wandwärts über den Boden vorschieben lassen. Kreuzbein und Sitzbeinhöcker schauen noch dieser Bewegung nach.

Abschließende Beobachtungsphase

Ruhen Sie jetzt gut nach – und verweilen Sie wie ruhend bei Ihrem Lendengebiet. Vielleicht kommt eine leise Bewegung in die Lendenwirbel. Oder das Kreuzbein meldet sich auf neue Weise. – Fühlt sich eventuell der Schulterbereich mitangesprochen? – Lassen Sie sich viel Zeit, all dies oder anderes in sich wahrzunehmen. – Danach beenden Sie das Üben in für Sie angemessener Weise.

Übung 8: Innere Verbindung vom Unterschenkel zur Fußsohle

Die folgende Übung läßt sich in Rücken-, Bauch- oder Seitenlage durchführen. Spüren Sie nach, was für Sie jetzt dran ist – und richten Sie sich in der entsprechenden Lagerung ein zum Kontaktspüren. Beachten Sie dabei, was Sie bisher grundsätzlich zu den verschiedenen Arten der Lagerung gelernt und geübt haben.

Übungsanweisung (gilt für Rückenlage!)

- Erspüren Sie sich im ganzen – wie Sie vom Kopf zu den Füßen hin da sind.
- Mit guter Aufmerksamkeit nehmen Sie dann die Beckenauflage wahr – und stellen sich ein, daß dieser Bereich sich (nochmals) zum Boden hinspüren kann. – Nachdem Sie auch das Kreuzbein erinnert haben – im Beckeninneren, verbunden mit beiden Beckenschalen –, gehen Sie dann von der Beckenauflage zu beiden Oberschenkeln – und lassen diese boden- und fußwärts spüren, ebenso die Kniekehlen und Unterschenkel. (In der Seitenlage ein Bein nach dem anderen üben!)
- Beide Fersen fühlen sich im Kontakt zum Boden und zu den Strümpfen, ebenso die anschließenden Fußsohlen – die Fußrükken – die Zehen im Kontakt zu den Strümpfen wahrnehmen.
- Im ganzen dasein – mit Kopf und Rumpf und Armen, Becken, Beinen und Füßen. Wie geht dies – sich ganzheitlich spüren? Jetzt? – Hier?
- Nun gehen Sie mit Ihrer Aufmerksamkeit *in* einen Fersenraum. Lassen Sie sich Zeit dazu – oder lassen Sie sich überraschen, wie dies einfach möglich ist. (Es ist ein Fersenknochen im Fersenraum, der jetzt nicht wichtig ist, an dem Sie sich nicht zu stören brauchen!)
- Orientieren Sie sich dann zur Hautinnenseite der Fersenrückwand – und spüren an dieser Hautinnenseite im Fersenraum etwas nach oben – und gehen so spürsam weiter – bis etwa zum

Wadenansatz. Sie sind dabei *im* Achillessehnengebiet innen an der Haut. – Von dort gehen Sie wieder fein spürsam zurück über die Fersenrückwand bis zum Fersenboden.
- Eine kleine Weile warten – und nachspüren. Wie empfinden Sie den angesprochenen Bereich?
- Dann orientieren Sie sich zur Außenwandung der Ferse – diese hat Beziehung zum Außenknöchel – und spüren dort an der Hautinnenseite ebenso lüftend entlang und kommen zur Innenseite der Fersensohle.
- Die Innenwandung der Ferse von der Innenseite der Haut her ebenso üben!
- Sie sind nun innen an der Fersensohle – und gehen von dorther an der Fußsohlenhaut innen entlang in den Raum der Großzehe – beachten dort auch die Innenseite der Sohlenhaut – tasten sich daran entlang bis zur Zehenkuppe, von dort her zum Strumpf – und darüber hinaus zu einer Begrenzung hin, die nicht zu weit entfernt sein sollte.
- In gleicher Weise üben Sie das Ertasten von der Innenseite der Fersensohle her in die Räume der vier anderen Zehen – und das Spüren darüber hinaus zu der gleichen Begrenzung.

Beobachtungsphase

Nachdem Unterschenkel und Fuß dieser Seite so angesprochen wurden, beobachten Sie, wie die Seite im ganzen mitreagieren konnte – ob im Kopf-, Rücken- oder Armbereich etwas mitgespielt hat. – Dann ausruhen und eine kleine Pause einrichten.

Weitere Übungsphase

- Nehmen Sie sich nochmals übersichtartig wahr (vielleicht wollen Sie auch die Lagerung verändern?) – und erinnern Sie sich wieder an das Kreuzbein und die Verbindung von dort zu den Fersen und Füßen.
- Mit der freundlichen Einstellung auf beide Füße fragen Sie sich,

ob die Augen dabei wie im Hinterkopf ruhen können. Es gibt mehr Einsicht und Dabei-Sein.
- Dann üben Sie die zweite Ferse, den Unterschenkelansatz und den Fuß ebenso von der Innenseite der Haut her.

Beobachtungsphase

Vergleichen Sie den jetzt geübten Fuß mit dem zuerst geübten! – Wie wirkt sich diese Fußübung auf das gesamte Bein aus? – Was konnte in der zweiten Körperseite mitreagieren? – Wie empfinden Sie sich, wenn Sie in beiden Fußräumen verweilen?
Nehmen Sie dann abschließend Einsicht vom Kreuzbein aus in beide Bein- und Fußräume. Was zeigt sich für Sie? – Wie können Sie im ganzen dasein? – – –
Vielleicht mögen Sie erproben, wie sich Ihre Füße jetzt im Stehen und Rückwärtsgehen „anspüren". Lassen Sie sich dann genügend Zeit dazu – oder verweilen Sie einfach im Nachruhen und Ausklingenlassen.

Übung 9: Raum in den Füßen

Vorbereitende Übungsphase

Ordnen Sie sich in Rückenlage zum Üben. Sie brauchen Tennisbälle oder Holzkugeln oder auch die Lindenstäbe in den Händen. Achten Sie dabei darauf, daß die Handkante mit der Kleinfingerzone gut am Boden ankommen kann. – Erfahren Sie sich zunächst überblickartig von der Kopfauflage bis zu den Fersen und Füßen hin; die Arme sind miteinbezogen ins Spüren.
(Diese Übung läßt sich auch wahlweise in Bauch- oder Seitenlage durchführen. Beachten Sie dann den Übungshinweis für die Wirbelsäule an entsprechender Stelle. Das Kontaktnehmen in der jeweiligen Lagerung ist von anderen Übungsbeispielen her bekannt.)

Übungsanweisung

- Der Beckenbereich spürt sich zum Boden – mit der Richtung auf die Oberschenkel hin.
- Während dies noch geschieht, kann sich das Kreuzbein innen im Beckenraum einstellen in seiner Form, mit seinem Volumen. Es fühlt sich, gleich schräg im Ansatz, durch Beckenhaut und Kleidung, durch Matte und Bodenoberfläche – unterhalb und parallel zu dieser – fersenwärts.
- Überschauen Sie dann nochmals den Beckenbereich mit dem vorgefühlten Kreuzbein – und erspüren Sie, wie jetzt beide Beine und Füße dasein können.
- Mit der Einstellung auf das vorgefühlte Kreuzbein (und die Fersen und Fußsohlen) gehen Sie dann mit der Aufmerksamkeit zum anderen Ende der Wirbelsäule, zur Kopfschale. Diese fühlt sich entgegengesetzt zum Kreuzbein schräg zum Boden, oder auch etwas in dieser Richtung in den Boden ein – wie zu einer gegenüberliegenden Wand.
- Zwischen Kopfschale und Kreuzbeinschale sind alle Wirbel angelegt (7 Halswirbel, 12 Brustwirbel, 5 Lendenwirbel), die sich alle gemeinsam nach rückwärts/unten zum Boden spüren und ausruhen oder erholen können.
  (Anm.: In der Bauchlage schaut die Wirbelsäule nach vorne/unten, dabei sind die Halswirbel in seitlicher Drehung; in Seitenlage schaut die Wirbelsäule seitlich zur Hals- oder Rückenhaut.)
- Achten Sie jetzt nochmals gut auf das vorgefühlte Kreuzbein – und beobachten Sie, was es Ihnen im ganzen bringt und für die körperliche Wahrnehmung bedeutet.
- Wenden Sie sich dann *beiden* Oberschenkeln und Kniekehlen zu – und lassen Sie diese boden- und fersenwärts spüren.
- Ebenso fühlen sich die anschließenden Unterschenkel mit Waden- und Achillessehnengebiet boden- und fersenwärts.
- Sie erspüren beide Fersen im Kontakt zum Boden, da, wo sie aufliegen – und rundherum zu den Strümpfen.
- Die Fußsohlen finden Kontakt zu den Strümpfen von den Fersen bis zu den rückwärtigen Zehen hin.

Kurze Beobachtungsphase

Erkennen Sie den Beckenbereich mit dem vorgefühlten Kreuzbein, beide Beine und Füße. – Nehmen Sie eine Übersicht von der Kopfschale zu den Fersenschalen hin – und versuchen Sie, alles integriert zu erfahren, integriert dazusein.

Übungsanweisung/Fortsetzung

- Sie können sich jetzt einer Ferse zuwenden – und von der Auflage her sich einen Zugang nach innen in den Fersenraum suchen. – Im Fersenraum gehen Sie dann wie klärend, reinigend oder befreiend an der Innenseite der Fersenhaut entlang. Sie beachten dabei die Fersenrückwand vom Achillessehnengebiet her, die seitlichen Fersenwände, den Fersenboden.
- Vom Fersenraum, Fersenboden aus gehen Sie tastend an der Innenseite (und Innenkante) der Fußsohlenhaut entlang und kommen in den Raum der Großzehe.
- Während Sie an der Innenseite der Zehenhaut weitertasten, kommen Sie durch den Raum der Großzehe – gehen durch die Zehenkuppe nach außen – und nehmen fühlsam den Strumpf wahr.
- Sie sind dann wieder im Fersenraum am Fersenboden – und gehen von dort aus exakt an der Innenseite der Sohlenhaut entlang (im Bereich der Fußaußenkante) und kommen zur Kleinzehe, gehen durch den Raum der Kleinzehe an der Sohlenhaut entlang – und durch die Zehenkuppe hindurch fühlsam zum Strumpf hin.
- Sie können zwischenzeitlich einmal das dazugehörige Bein und den gesamten Fuß beobachten –
- und kommen dann vom Innenraum der Ferse ausgehend zur 4. Zehe – und üben ebenso wie bei den vorhergehenden.
- 1., 5. und 4. Zehe sind von der Ferse aus kommend geübt. – Vielleicht mögen Sie zwischendurch einmal die Ferse freundlich dehnen lassen – ohne das Bewußtsein für den Fersenraum zu verlieren. Dehnen – und dann lassen, ohne zurückzuholen!

- Dann vom Fersenraum beginnend an der Innenseite der Sohlenhaut entlanggehen und in den Raum der 3., mittleren Zehe kommen – und durch die Zehenkuppe nach außen zum Strumpf fühlen.
- Ebenso den Innenweg für die 2. Zehe übend suchen.

Beobachtungsphase

Was jetzt vom Fußraum insgesamt da ist – mit Fersenraum und den fünf Zehenräumen – erkennen und annehmen. – Ohne das Beobachten zu unterbrechen, sehr behutsam und freundlich also, kann sich die Ferse eventuell nochmals über den Boden vorschieben, wenig, damit nur das Achillessehnengebiet mitbewegt wird.
Dehnen und lassen – und weiter warten und beobachten.
Vergleichen Sie dann beide Füße und Beine – und nehmen Sie an, was sich für Sie zeigt.
Sich dann dehnen und räkeln – und nach einer kleinen Pause ins Stehen kommen. Beide Füße stehen parallel nebeneinander, eingefühlt durch die Matte in den Boden – und Sie lassen sich im Stand wie von einem leichten Wind, der von rückwärts kommt, über die Fußsohlen bewegen. – „Hören" Sie wie nach innen auf den geübten und den noch nicht geübten Fuß, beobachten und vergleichen Sie beide Beine, während Sie aufgerichtet da sind, und auch das Scheitelgebiet bewußt zur Raumdecke spüren kann. Die Augen schauen geradeaus.

Übungsanweisung/Fortsetzung

Üben Sie dann die zweite Seite mit Fersen-, Fuß- und Zehenräumen ebenso, nachdem das Kreuzbein wieder vorgefühlt mit dabei sein kann und die Kontakte im ganzen nochmals wachgerufen worden sind.

Zum Abschluß der Übung könnten eventuell beide Fersen gemeinsam dehnen und lassen. Achten Sie darauf, daß beim Dehnen unbedingt das vorgefühlte Kreuzbein einbezogen sein kann.

Nach dem Lassen beobachten Sie sich wieder im ganzen – und ruhen danach gut aus.

Übung 10: Den rückwärtigen Innenraum von Becken, Beinen und Füßen erfahren

Vorbereitende Übungsphase

Ordnen Sie sich in Rückenlage zum Üben. Sie brauchen Tennisbälle oder Holzkugeln in den Händen. Achten Sie darauf, daß die Handkante mit der Kleinfingerzone gut am Boden ankommen kann. Erfahren Sie sich zunächst überblickartig von der Kopfauflage bis zu den Füßen hin – und beachten Sie dabei auch die seitlich am Rumpf gelagerten Arme.
(Diese Übung läßt sich auch wahlweise in Bauch- oder Seitenlage durchführen. Das Kontaktnehmen in der jeweiligen Lagerung ist von anderen Übungsbeispielen her bekannt.)

Übungsanweisung

- Nach der Kontaktübersicht spürt sich der Beckenbereich zum Boden – mit der Richtung auf die Oberschenkel hin.
- Während dies noch geschieht, kann sich das Kreuzbein innen im Beckenraum einstellen in seiner Form – und mit seinem Volumen. Es fühlt sich, gleich schräg im Ansatz, in seiner Schalenform durch Beckenhaut und Kleidung, durch Matte und Bodenoberfläche – unterhalb und parallel zu ihr – fersenwärts.
  Lassen Sie sich Zeit, damit dies (in Ihrer Einstellung und) für das Kreuzbein geschehen kann.
- Überschauen Sie dann nochmals den Beckenbereich mit dem vorgefühlten Kreuzbein – und erspüren Sie, wie jetzt beide Beine und Füße dasein können.
- Mit der Einstellung auf das vorgefühlte Kreuzbein (und die Fersen und Fußsohlen) gehen Sie dann mit der Aufmerksamkeit

zum anderen Ende der Wirbelsäule, zur Kopfschale. Diese fühlt sich entgegengesetzt zum Kreuzbein schräg zum Boden, oder auch etwas in dieser Richtung in den Boden ein – wie zu einer gegenüberliegenden Wand.

- Kopfschale und Kreuzbeinschale sind innen durch die Wirbelsäule verbunden. Die Wirbelsäule im ganzen – und die dazugehörigen rückwärtigen Bereiche können sich bodenwärts (Halsbereich) oder boden- und beckenwärts einstellen und fühlen.
- Beim Beckenbereich gehen Sie wieder nach innen – und suchen das Kreuzbein auf. Erinnern Sie sich an die Dreiecks- und Schalenform des Kreuzbeines, an die obere breite Kante (Deckplatte), und daran, daß es sich zum Steißbein hin in feinem Schwung verjüngt. Die Rückseite ist vielfältig strukturiert – durch den Kamm der restlichen Dornfortsätze in der Mitte und die vier Unterbrechungen jeweils seitlich (Zwischenwirbellöcher).
- Gehen Sie von der oberen breiten Kante, der Basis des Kreuzbeines, tastend am Knochen entlang in Richtung aufs Steißbein hin – beachten Sie dabei die Schalenform, den Kamm der Dornfortsätze, die Unterbrechungen seitlich. – Über das Steißbein hin entlassen Sie dieses Entlangspüren – und bleiben beim Kreuzbein.
- Sie sind an der Rückseite dieses Knochens – und können sich darauf einstellen, daß es zwischen dem Kreuzbein und der rückwärtigen Beckenhaut einen Raum gibt. Es ist geräumig – zwischen Kreuzbein und Beckenhaut.
- Dann gehen Sie vom Kreuzbein über ein Ilio-Sacral-Gelenk zu einer Beckenschale. Achten Sie, welche Seite es sein soll! – Am Beckenknochen gehen Sie flächig entlang, beachten, daß der Beckenkamm seitlich aufsteigt – und daß auch Raum ist zwischen Beckenknochen und rückwärtiger Beckenhaut. –
- Vom Hüftgelenkbereich aus, d. h. von seiner rückwärtigen Ausformung her, erkennen Sie die Verbindung zum Sitzbeinhöcker. Dessen Kante schaut in den Beinraum, auf den Sie sich jetzt einstellen.
- Sie bleiben im rückwärtigen Beinraum – und gehen tastend an der Innenseite der Haut entlang – kniekehlenwärts. Sie können

dabei auch den Raum zwischen Oberschenkelknochen und rückwärtiger Haut gewahr werden. (Es geht *nur* um den Raum, das Volumen. Falls Ihnen sonst etwas begegnen sollte, lassen Sie es einfach beiseite.)

- Sie kommen immer weiter kniekehlenwärts – und sind dann im Raum der Kniekehle. Tasten Sie sich in der ganzen Breite an der Innenseite der Kniekehlenhaut hindurch – und erfahren Sie, daß es auch Raum zwischen der Haut und den Knochen im Kniekehlenbereich gibt.
- Durch den Raum der Kniekehle hindurch gelangen Sie in den Raum des Unterschenkels. – Sie bleiben wieder an der Innenseite der Haut – und tasten sich daran entlang in Richtung auf Fußgelenk- und Fersenbereich hin. – Es ist Raum zwischen der Haut und den beiden Unterschenkelknochen – auch im Bereich der Achillessehne. Sie gehen an der Haut entlangtastend hindurch und kommen
- in den Fersenraum. – Sie haben die rückwärtige Fersenwand, die beiden seitlichen Fersenwände und den Fersenboden. Gehen Sie an der Innenseite der Haut im Fersenraum entlang – klärend, reinigend, lüftend. – Sie können sich zwischenhinein die Frage stellen, wie (weit) Sie Ihren Fersenraum empfinden.
- Sie sind dann am Fersenboden, an der Innenseite der Haut, und kommen von dort an der Innenseite der Fußsohlenhaut entlang, tasten sich in der ganzen Breite durch den Fußraum an der Haut entlang – und beachten dabei auch die Bereiche der beiden Fußkanten von innen her. – Dieser innere „Fußweg" führt Sie in den Bereich der Zehengrundgelenke. Sie sind aber immer noch auf die Innenseite der Haut eingestellt –
- und kommen vom vorderen Fußraum nun in den Raum der Großzehe. Auch dort tasten Sie sich an der Sohlenhaut innen entlang – kommen zur Haut der Zehenkuppe innen – und spüren, daß die Zehenkuppe Kontakt hat zum Strumpf.
- In gleicher Weise gehen Sie vom vorderen Fußraum in den Raum der zweiten Zehe, tasten sich an deren Sohlenhaut entlang in Richtung Zehenkuppe – und die Zehenkuppe hat Kontakt nach außen zum Strumpf.

- Sie können sich jetzt einmal vom Fersenraum aus den Fußraum mit den beiden geübten Zehenräumen anschauen – und mit den ungeübten Zehenräumen vergleichen.
- Üben Sie dann von der Fußsohlenhaut aus kommend die Zehenräume von mittlerer, vierter und fünfter Zehe in gleicher Weise.

Beobachtungsphase

- Kommen Sie zunächst zum Fersenraum – und schauen Sie sich Fersen-, Fuß- und Zehenräume bei diesem geübten Fuß gemeinsam an. Was können Sie erkennen oder spüren? – Sie können auch diesen Fuß mit dem nicht geübten Fuß vergleichen – und sich über die eventuellen Unterschiede klarwerden.
- Sie gehen dann zum Kreuzbein, sind wieder an dessen Rückseite – und nehmen von hier aus Einsicht in die geübte Seite mit Bekken-, Bein- und Fußraum. Kann das vorgefühlte Kreuzbein dabeisein, während Sie in sich Einsicht nehmen? – Wie stellt sich Ihnen die geübte Seite dar? – Gibt es Unterschiede zur ungeübten Seite – und welche? – Sie können auch durch eine Bewegung mehr über das geübte Bein und den Fuß erfahren: Stellen Sie den Fuß, die Fußsohle auf, während der Sitzbeinhöcker dem Fuß entgegenschaut und das Kreuzbein vorgefühlt dabei ist. Der Fuß, die Fußsohle findet Platz und schaut durch die Matte zum Boden, ebenso führt der Fuß das Bein wieder in die ausgegradete Lage – und dieses hat wieder im ganzen Bodenkontakt. – Die gleiche Bewegung ist dann für das ungeübte Bein angesagt. Sie beobachten, wie es geht – und wenn auch das Bein, vom Fuß geführt, wieder zurück zum Boden gekommen ist, vergleichen Sie die Bewegungsqualität bei dem einen und dem anderen Bein.

Nehmen Sie sich nochmals im ganzen wahr – und beenden Sie das Üben für die erste Seite mit Dehnen, Räkeln oder Sich-Verlagern. Nachruhen.

Übungsanweisung/Fortsetzung

Für das Üben der zweiten Seite beachten Sie die gleichen vorangegangenen Übungsanweisungen. Sollten Sie in Bauch- oder Seitenlage üben, sind die vorbereitenden Kontakte entsprechend anders. Das Kreuzbein würde sich dabei nicht vorfühlen.

Abschließende Beobachtungsphase

Wenn Sie die zweite Seite geübt/erübt haben, nehmen Sie wieder Einsicht von der Rückseite des Kreuzbeines her – und erkennen und spüren, was jetzt von Becken-, Bein- und Fußraum mit den Zehenräumen für Sie da ist. Erkennen und annehmen. – Nehmen Sie sich dann auch vom Kreuzbein aus in beiden Bein- und Fußräumen wahr. Was bedeutet es für Sie, in den rückwärtigen Räumen anwesend zu sein? – Abschließend beachten und beobachten Sie sich gesamtheitlich von Kopf zu Fuß – ohne die rückwärtigen Räume „im Grund" aufzugeben. – Danach beenden Sie das Üben in einer Ihnen gemäßen Weise – und ruhen sorgfältig nach.

Anmerkung zu dieser Übungsweise: Innenraum ertasten.
Falls Sie bei dieser Übung an irgendeiner Stelle das Gefühl haben „Ich komme nicht durch", verweilen Sie dennoch dort nicht länger, d. h. üben Sie in diesem Bereich nicht besonders ausführlich oder intensiv. Diese „Sperren oder Verklebungen" lösen sich zu ihrer Zeit. Es ist wichtig, bei solch verschlossenen Zonen einfach zum anschließenden Bereich weiterzugehen.

Übung 11: Erkennen der Skelettstruktur in Becken-, Bein- und Fußräumen – und Vergleich einer anschließenden Bewegung

Vorbereitende Übungsphase

- Schauen Sie sich auf einer Anatomie-Karte oder auf dem Bild im Anhang, Abb. 9, die knöcherne Struktur von Becken, Beinen und Füßen zur Orientierung und zum Erkennen der Zusammenhänge und Übergänge an.
- Richten Sie sich für die Übung auf der ersten Seite in Rückenlage ein. (Beim Üben der zweiten Seite können Sie Bauch- oder Seitenlage wählen – oder die Rückenlage beibehalten.) – Sie haben Tennisbälle oder Holzkugeln in den Händen. Beachten Sie, ob Sie vom Kopf zu den Füßen hin gerade ausgerichtet da sind – und wie sich im einfachen Überblick die Kontakte zum Boden spüren lassen.

Übungsanweisung

- Sie haben sich im Kontakt zum Boden von der Kopfauflage zu den Füßen hin erspürt – und können dabei mit guter Aufmerksamkeit zunächst einmal bei der Fersenauflage verweilen. Fragen Sie sich, ob Sie die Fersen eher weit weg oder nahe zu sich empfinden – und ob beide Fersen für Sie gleichartig oder unterschiedlich wahrnehmbar sind.
- Spüren Sie (nochmals) den Kontakt von Lenden- und Beckengebiet in einem zum Boden und beinwärts – und gehen Sie dann nach innen zum Beckengürtel und stellen sich auf das Kreuzbein ein.
- Es ist da in seiner Schalenform; oben, zur Wirbelsäule hin, ist die breite Kante; von dort verläuft es in einer schönen Schwingung – schalenförmig, dreieckförmig, zum Steißbein hin; dabei verjüngt es sich nach unten zu. An seiner Rückseite verläuft in der Mitte von oben nach unten zu der Kamm der restlichen Dornfortsätze. Diese schauen bodenwärts, fersenwärts. Beidseitig,

rechts und links, sind die vier Unterbrechungen, die Zwischenwirbellöcher, da. Von beiden Seiten ist das Kreuzbein gelenkig mit den beiden Beckenschalen verbunden.

- Bleiben Sie auf diese Rückseite des Kreuzbeines eingestellt (obwohl Sie auch um die glatte Innenseite und den luftig aufgebauten Innenraum wissen!) – und gehen Sie freundlich und eindeutig an dieser Rückseite entlang. Sie beginnen oben an der breiten Kante, an der sogenannten Basis oder Deckplatte, und gehen in der ganzen Breite am Kreuzbein entlang – in Richtung Steißbein. – Hilfreich kann es sein, dabei einmal die Knochenhaut, die das Kreuzbein wie alle anderen Knochen überzieht, zu beachten, d. h. beim Entlangspüren darauf eingestellt sein.
- Lassen Sie das Entlangspüren sich über das Steißbein hin beenden – und bleiben Sie an der Kreuzbeinrückseite.
- Bevor Sie rechts oder links zu einem Beckenknochen kommen, stellen Sie sich von der oberen breiten Kante des Kreuzbeines auf die unmittelbar nach oben anschließende 5. Lendenbandscheibe ein – und gehen mit Ihrer Aufmerksamkeit einmal an ihr herum – von der einen – und von der anderen Seite kommend.
- An diese Bandscheibe nach oben zu schließt sich der 5. Lendenwirbel an – noch in der Höhe der seitlichen Beckenkämme. Auch um diesen Lendenwirbel gehen Sie einmal spürsam herum – und beachten dabei einfach den runden Wirbelkörper und den rückwärtigen Dornfortsatz, der auch wieder boden- und fersenwärts gerichtet ist.
- Erkennen Sie jetzt den 5. Lendenwirbel – die anschließende Bandscheibe – und das Kreuzbein in einem – und sind beim Kreuzbein auf der Rückseite. (Zwischen dem Kreuzbein und der rückwärtigen Beckenhaut ist es geräumig!)
- Von der Rückseite des Kreuzbeines her gehen Sie nach einer Seite zum Ilio-Sacral-Gelenk. Tasten Sie sich durch diese Gelenkfläche hindurch – und erkennen Sie diese als luftig.
- Sie gehen aufmerksam „tastend“ weiter an der Außenseite des anschließenden Beckenknochens (Darmbein oder Hüftbein). Gehen Sie flächig daran entlang – und beachten Sie, daß seitlich der Beckenkamm aufsteigt. An diesem Beckenkamm entlang

finden Sie zum vorderen Darmbeindorn – und finden von dorther beinwärts zur Hüftgelenkpfanne (im seitlichen Leistenbereich).

- In dieser halbkugeligen Vertiefung spüren Sie wie säubernd oder klärend an der knöchernen Wand entlang. Dabei sind Sie zwischen Hüftgelenkpfanne und Hüftgelenkkopf.
- Von dorther verläuft der Oberschenkelhals etwas schräg nach außen/seitwärts zum großen Trochanter (Rollhügel). Gehen Sie klar am Oberschenkelhals entlang, beachten Sie die angegebene Richtung. Beim Trochanter sind Sie dann im Beinraum angekommen.
- Im Oberschenkelraum verläuft der Schaft des Oberschenkelknochens vom Trochanter her kniewärts. Gehen Sie an diesem stämmigen Knochen entlang – oder spiralförmig um ihn herum – kniewärts.
- Der Oberschenkelknochen endet im Knieraum mit den beiden Gelenkknorren, die fast den ganzen Knieraum einnehmen.
- Im Kniegelenkraum stellen Sie sich ein auf die Gelenkspalte des Knies – als Übergang zu den beiden Unterschenkelknochen. Die Gelenkspalte ist nach vorne zu durch die Kniescheibe geschützt. – Auch durch diese Gelenkspalte können Sie sich hindurchtasten, dabei die Gelenkstruktur erkennen – und gehen weiter
- in den Raum des Unterschenkels. Nach der Gelenkspalte beginnt, fast in gleicher Breite, wie der Oberschenkelknochen endet, das Schienbein. – An der Innenseite des Unterschenkels führt der Schienbeinschaft in Richtung Fußgelenkraum – und kommt dabei sehr nahe an die Haut der Vorderseite des Unterschenkels. Gehen Sie am Schienbein klar und eindeutig entlang. Es setzt auf dem Sprunggelenkkopf mit dem inneren Fußknöchel auf.
- Kommen Sie dann nochmals zum oberen Schienbeinkopf, seitlich etwas unterhalb des Kniegelenkes. Dort setzt das Wadenbein mit einem kleinen Köpfchen an. Gehen Sie am Wadenbeinschaft entlang – in Richtung Fußgelenkraum. Er setzt dort auf dem Sprunggelenkkopf auf – und endet mit dem äußeren Fußknöchel.

- Im Fußgelenkraum können Sie sich etwas orientieren: Beide Unterschenkelknochen setzen auf dem Sprungbein auf. Das Sprungbein hat Verbindung zum Fersenbein.
- Sie kommen zum Fersenbein im Fersenraum. Mit bewußter Einstellung gehen Sie am Fersenbein entlang, rundherum. Es nimmt viel Raum ein. Sie können sich auch den Zwischenraum zwischen Fersenbein und Fersenhaut bewußtmachen.
- An das Fersenbein schließen sich im Fußgelenkraum noch fünf weitere kleine Gelenkknochen an: das Kahnbein, inneres, mittleres und äußeres Keilbein und das Würfelbein. Anschließend an diese Fußgelenkregion kommen Sie zu den Mittelfußknochen im Fußraum.
- Vom inneren Keilbein verläuft (im Bereich der Fußinnenkante) der 1. Mittelfußknochen. Sie gehen daran entlang – und kommen zum Großzehengrundgelenk. Gehen Sie auch an den anschließenden zwei Zehenknochen im Raum der Großzehe entlang – und beachten Sie, daß diese gelenkig verbunden sind. Das Ende des letzten Zehenknochens kann sich durch die Haut der Zehenkuppe zum Strumpf fühlen.
- Im Fußgelenkraum, anschließend an das mittlere Keilbein, schließt sich der 2. Mittelfußknochen an. Tasten Sie sich daran entlang – und kommen Sie so zum Grundgelenk der zweiten Zehe. Daran schließen sich drei Zehenknochen mit entsprechenden Zwischengelenken an. Tasten Sie sich im Raum der zweiten Zehe daran entlang. Das Ende des letzten Zehenknochens kann sich wieder durch die Haut zum Strumpf fühlen.
- Bevor Sie weiterüben, schauen Sie nochmals die geübten Mittelfuß- und Zehenknochen in Fuß- und Zehenräumen an – und vergleichen Sie mit dem ungeübten Fußbereich.
- An das äußere Keilbein schließt sich der 3. Mittelfußknochen an – und führt zum Grundgelenk der mittleren Zehe. Gehen Sie aufmerksam daran entlang – und gelangen Sie weiter in den Raum der mittleren Zehe. Dort tasten Sie sich an den drei kleinen Zehenknochen entlang, berücksichtigen dabei die gelenkigen Verbindungen – und lassen das Ende des letzten Zehenknochens wieder Kontakt finden durch die Haut zum Strumpf hin.

- An das Würfelbein schließt sich der 4. und 5. Mittelfußknochen an. Üben Sie jeweils den Mittelfußknochen und die anschließenden Zehenknochen so, wie Sie es bei den anderen bisher getan haben – bis zum jeweiligen Kontakt zum Strumpf hin vom letzten Zehenknochen aus.

Beobachtungsphase

Sehen Sie vom Fersenraum durch den Fußraum in alle Zehenräume des geübten Fußes – und beachten Sie, was Sie an Knöchernem erkennen – oder was sich für Sie zeigt. – Vergleichen Sie den geübten mit dem nichtgeübten Fuß. – Nehmen Sie auch Einsicht von der Rückseite des Kreuzbeines her in die geübte Seite von Becken, Bein und Fuß, wo Sie sich auf Knochenbewußtsein einstellten. – Kann der 5. Lendenwirbel und die Bandscheibe wieder mit dabeisein? – Vergleichen Sie die geübte mit der noch nicht geübten Seite!

Übungsanweisung/Fortsetzung

- Stellen Sie sich mit dem geübten Fuß auf eine Bewegung ein, während das Bein noch liegenbleibt. Die Knochen im Fuß sind in der Bewegung mit dabei. Achten Sie auf das Maß Ihrer Bewegung – und auf das Kreuzbein, das mit im Spiel sein sollte. – Bewegen Sie den ungeübten Fuß entsprechend. Nehmen Sie wahr, was sich unterschiedlich verhält oder zeigt.
- Anstelle der einfachen Fußbewegung läßt sich auch der Fuß und das Bein so aufstellen, daß das Knie angewinkelt wird. Achten Sie während der Bewegung wieder auf die Knochen in Bein- und Fußraum – auch wenn Sie das Bein wieder ausgegradet ablegen. Sie lassen anschließend auch das ungeübte Bein sich mit dem Fuß aufstellen – und beobachten dabei die Bewegungsqualität oder das, was Ihnen sonst auffällt.

Abschließende Beobachtungsphase

Wenn Sie wieder mit beiden ausgegradeten Beinen liegen, nehmen Sie sich im ganzen von Kopf zu Fuß wahr – und vergleichen dabei beide Körperseiten, einschließlich der Arme. – Nachdem Sie genügend dabei verweilen konnten und auch für feine innere Bewegtheit aufmerksam waren – dehnen und räkeln Sie sich, ruhen nach und legen eine Ihnen gemäße Pause ein.

Übungsanweisung/Fortsetzung

Für das Üben der anderen Seite wählen Sie die Lagerung, die Ihnen jetzt gemäß erscheint (Rücken-, Bauch- oder Seitenlage). Beachten Sie beim Wachrufen der Bodenkontakte die eventuell andere Situation und lassen sich Zeit, um wirklich von Kopf zu Fuß anwesend zu sein. – Üben Sie dann das Knochenbewußtsein, ausgehend von der Kreuzbeinrückseite, ebenso wie für die erste Seite oben angegeben. – Nach einem ausgiebigen Nachruhen beenden Sie das Üben.

Übung 12: In Rückenlage – von Kopf zu Fuß

Vorbereitungsphase

Sie ordnen sich in Rückenlage und richten sich zum Üben ein. Sie halten Bälle oder Holzkugeln in den Händen und haben Lindenstäbe bereitgelegt.

Übungsanweisung

- Erfahren Sie sich in der Übersicht von Kopf zu den Füßen hin. Wie sind Sie jetzt zu Beginn des Übens da?
- Gehen Sie dann mit Ihrer Aufmerksamkeit zum Beckenbereich. Er kann sich boden- und beinwärts spüren.

- Sie gehen dann mit Ihrer Einstellung nach innen, sind also innen im eigenen Körperraum und suchen den 5. Lendenwirbel auf mit der Bandscheibe, die zum Kreuzbein führt. Um den Lendenwirbel und die Bandscheibe gehen Sie freundlich eingestellt einmal herum – und sind dann
- beim Kreuzbein. Nehmen Sie das Kreuzbein in seiner Schalenform wahr – auch in seiner Verjüngung zum Steißbein hin. – Gehen Sie dann an der Rückseite des Kreuzbeines entlang; beginnen an der „Basis" oben und tasten sich in Richtung auf das Steißbein vorwärts. – Mit der Einstellung gut am Kreuzbein bleiben, eventuell die Knochenhaut bedenken, und über das Steißbein hin das Fühltasten entlassen.
- Gehen Sie dann klar ebenso an der Innenseite des Kreuzbeines entlang – wieder an der Basis oben beginnend bis zum Steißbein hin – und nehmen es tastend wahr in seiner Form.
- Beobachten Sie, wie das Kreuzbein jetzt für Sie da ist – und wohin sich diese Erfahrung im Körperganzen auswirkt.
- Vielleicht wollen/sollten Sie nochmals an der Innen- oder Außenseite des Kreuzbeines entlanggehen, um diese rückwärtige Mitte deutlicher zu erfahren.
- Erinnern Sie sich dann an den Kreuzbein-Innenraum – und beginnen Sie wieder von der oberen Basis her, durch das Kreuzbein hindurchzugehen, d. h. Sie wandern mit Ihrer wachen und freundlichen Aufmerksamkeit durch die Knochenbälkchen und die Strukturräume des Kreuzbeines hindurch, ebenso durch das Steißbein – und entlassen so das Fühlen mit der Richtung auf den Bauchraum hin – bleiben aber beim Kreuzbein.
- Dann warten und beobachten Sie wieder. – Fragen können auftauchen: War dieses Erspüren schwierig oder leicht für Sie? – Wie haben Sie das Kreuzbein erlebt? Dumpf – hell – dunkel – klar – licht – verschlossen? Es kann täglich anders sein.
- Nehmen Sie sich jetzt nochmals Zeit für einen Gang durch das Kreuzbein – und das Steißbein – und beobachten Sie anschließend wieder die Auswirkung für die Klarheit oder Befindlichkeit im Beckengürtelbereich – oder im Körperganzen.
- Dann kann sich das Kreuzbein in seiner Schalenform durch die

Beckenhaut und die Kleidung – durch den Boden und direkt unter der Bodenoberfläche und parallel zu ihr – fersenwärts vorfühlen. Lassen Sie sich etwas Zeit dazu – und behalten Sie das so vorgefühlte Kreuzbein (das real an seiner Stelle bleibt, sich nicht verlängert oder wächst, sondern von seinem Ort her *vorfühlt*!) im Sinn –

- wenn Sie beide Beine jetzt ihren Kontakt spüren lassen – die Oberschenkel und Kniekehlen bodenwärts und fersenwärts, die Unterschenkel mit den Achillessehnengebieten ebenso boden- und fersenwärts.
- Nehmen Sie beide Fersen gut wahr – im Kontakt zum Boden, da, wo sie aufliegen – und zu den Strümpfen mit den übrigen Bereichen.
- Suchen Sie jetzt die Verbindung von der Fersensohle zur gesamten Fußsohle auf – mit der Fußinnen- und Außenkante, mit den Zehensohlen und Zehenkuppen – und beachten Sie auch den Fußrücken und die Vorderseiten der Zehen mit den Kontakten zum Strumpf.

Beobachtungsphase

- Überschauen und beachten Sie sich nun von Kopf zu Fuß hin. Wie konnten Sie im ganzen reagieren? – Wie zeigt sich der Rükken und der gesamte rückwärtige Bereich für Sie?
- Nehmen Sie sich jetzt für eine kurze Pause Zeit, nachdem Sie sich bewegt und geräkelt haben. Lassen Sie Ihre Erfahrung im Ruhen nachklingen.

Übungsanweisung für die zweite Übungsphase

- Ordnen Sie sich zunächst wieder in Rückenlage zum Üben ein – und beachten Sie dabei, daß Sie gegradet auf der Matte/ Unterlage liegen.
- Nehmen Sie dann je einen Lindenstab und legen ihn seitlich unter den Rücken – von oben, wo der Rücken schulterabwärts beginnt, nach unten zu parallel und beckenwärts.

- Nachspüren und ordnen, bis die Lagerung stimmt! – Sich erst einmal mit den untergelegten Stäben anfreunden – und beachten, daß der Beckengürtel mit dem Kreuzbein ausgewogen da sein kann.
- Beachten und beobachten Sie, daß die Hinterkopfschale und die Kreuzbeinschale miteinander korrespondieren. Wie fühlt sich dies für Sie an?
- Die Hinterkopfschale kann sich von da, wo Sie die Auflage spüren, entgegengesetzt der Füße bodenwärts einfühlen.
- Während dies geschieht, erkennen und spüren Sie, daß Becken, Beine und Füße dabei sind.
- Bevor eine Seite in der Übung speziell angesprochen wird, können sich wichtige Bereiche schon jetzt aufgerufen fühlen:
  Der rückwärtige Halsbereich als Verbindung zum Rücken kann sich einstellen – das Becken fühlt sich durch die Stäbe hindurch fersenwärts zum Boden (gleich im Ansatz schräg hindurchfühlen!) – das Kreuzbein kann unterm Boden vorgefühlt dasein – Oberschenkel, Unterschenkel, Füße mit Fersen- und Sohlenbereichen werden erinnert.
- Gehen Sie jetzt mit guter Aufmerksamkeit zu der Ferse auf *der* Seite, mit der Sie das Üben beginnen wollen – und bewahren Sie die Ferse auch im Sinn,
- wenn Sie vom rückwärtigen Hals her die Verbindung zur Schulter und zur oberen Rückenpartie dieser Seite aufsuchen. Dieser Bereich fühlt sich zur Kleidung und zum Boden – und Sie spüren, wann der Rücken tatsächlich zum Boden oder zum Stab kommt.
- Bleiben Sie an dieser Seite – und diese halbe Rückenbreite fühlt sich mit Hilfe der Haut schräg durch die Kleidung und den Stab fußwärts-bodenwärts.
- Auch wenn Sie den Stab irgendwo nicht fühlen, sprechen Sie ihn an und fühlen Sie hindurch – und kommen so etappenweise vom Brustkorbgebiet zum Lendengebiet – zum Beckengebiet. Auch die entsprechenden Bereiche neben dem Stab können sich mit boden- und fußwärts fühlen.
- Wenn Sie den Bereich über dem unteren Stabende erreicht haben, gehen Sie fühlsam weiter – vom Becken- zum Bein-

bereich – und lassen Oberschenkel und Kniekehle, Unterschenkel und Fuß wieder ihre Kontakte wahrnehmen.

- Fragen Sie sich jetzt einmal, wie Sie den Fuß mit der Ferse und Sohle auf dieser Seite empfinden!
- Die Fußsohle bleibt möglichst im Sinn und Gespür, wenn Sie sich nochmals bewußt werden, daß die Hinterkopfschale entgegengesetzt der Füße eingefühlt ist – und Sie die Verbindung von dort über den rückwärtigen Hals zum Rumpf und die gesamte geübte Seite in einer Überschau wahrnehmen.
- Suchen Sie nun den Arm auf dieser übenden Seite auf. Vom Oberarmansatz her kann er den Kontakt boden- und handwärts spüren. Beachten Sie dabei besonders den Handgelenkbereich und die Handkante mit der aufliegenden Kleinfingerzone. Die Handinnenfläche und die Finger nehmen den Gegenstand, den sie anfassen, mit Form und Qualität wahr.
- Überschauen Sie den Arm und die Hand in ihrer Gesamtheit – auch in der Verbindung mit der Rückenseite!

Beobachtungsphase

Nehmen Sie nun die gesamte geübte Seite in einem vom Hinterkopf und Halsbereich wahr. Was wird für Sie deutlich? – Vergleichen Sie die geübte mit der noch nicht geübten Seite. Gibt es unterschiedliche Empfindungen auf der einen, auf der anderen Seite? – Was verdeutlicht sich für Sie am meisten?

Übungsanweisung/Fortsetzung

- Ohne das Gespür für die geübte Seite ganz zu verlieren, üben Sie nun die zweite Seite ebenso, indem Sie beim rückwärtigen Hals und dem oberen Rückenbereich beginnen, nachdem Sie nochmals die Ferse auf dieser Seite besonders angesprochen haben.
- Nachdem Sie übend bei dieser Seite, einschließlich des Armes, verweilt haben, überschauen Sie wieder vom Hinterkopf her ganzheitlich den geübten Bereich.

Beobachtungsphase

Wenn Sie beobachtend bei der jetzt geübten Seite verweilen – nehmen Sie auch die erstgeübte Seite mit dazu –, vergleichen Sie die Übungswirkung. – Nehmen Sie sich ganzheitlich wahr. Was wird für Sie deutlich? – Fragen Sie sich nochmals nach dem vorhin geübten Kreuzbein. Suchen Sie es bewußt auf, und beobachten Sie behutsam, was jetzt in diesem Bereich für Sie erfahrbar wird.

Abschlußphase

Erspüren Sie, wann Sie die Stäbe herausnehmen sollen – und warten Sie ab, was für Sie jetzt erfahrbar wird. – Wie erfahren Sie sich, wenn Sie gleichzeitig beim Kreuzbeinbereich und den Fußsohlen verweilen? – Beenden Sie die Übung in einer Ihnen gemäßen Weise – und lassen Sie Ihre Erfahrung nach- und ausklingen.

Aussagen von Übenden nach der ersten Übungsphase

- Das Kreuzbein empfand ich heller und größer; das Lendengebiet hat nachgegeben.
- Das Kreuzbein hat stark auf die Beine gewirkt, obwohl kurz vor dem Steißbein eine starke Stauung im Kreuzbein spürbar war.
- Das Kreuzbein tat weh, wurde dann aber warm. Die Beine wurden schwer. Beim Gang durch das Kreuzbein legte sich mir etwas wie ein Ring um den Hals, ungefähr beim 7. Halswirbel.
- Das Kreuzbein, die Bandscheibe und der 5. Lendenwirbel waren für mich wie eine Einheit.
- Die Außenseite des Kreuzbeines war da, zur Innenseite fand ich keinen Zugang. Da bin ich irgendwie hängengeblieben.
- Zur Kreuzbeininnenseite bin ich nicht hingekommen.
- Der Kreuzbeinkanal und die anderen Durchgänge waren hilfreich.
- Das Becken wurde weit und warm.
- Es war schwierig, am Kreuzbein dranzubleiben. Es hat mich ermüdet.

- Der Kontakt vom Kreuzbein zum Boden war hilfreich, jedoch habe ich den Durchgang durchs Kreuzbein nicht gefunden.
- Der Kontakt nach innen zum Kreuzbein war für mich schwierig.
- Ich habe die Außen- und Innenseite des Kreuzbeines gut erfahren. Als ich beim Kreuzbein war, legte sich der obere Rücken gut ab.

Übung 13: Rücken und Füße

Vorbereitungsphase

In Rückenlage spüren Sie zunächst, wie Sie im ganzen jetzt dasein können – vom Kopf bis zu den Füßen hin. Haben Sie ein Gefühl für die Rückenauflage – für die parallel liegenden Beine – für die Kontaktmöglichkeit von den Fersen zum Boden hin?
Nachdem Sie sich so wahrgenommen haben, legen Sie je einen Lindenstab vom Schulterblattende in Richtung auf den Sitzbeinhöcker seitlich unter den Rücken (die Stäbe liegen parallel) – und nehmen diese neue Situation wahr.

Übungsphase

- Das Becken fühlt sich im ganzen – auch durch die Stäbe – fußwärts zum Boden. Beide Beine sind spürbar da. – Durch diese Einstellung und Aufmerksamkeit kann schon etwas in Bewegung, in Fluß geraten.
- Bedenken und beachten Sie das Kreuzbein im Beckenraum. Es ist gelenkig mit den beiden Beckenknochen verbunden – und kann sich in seiner Schalenform in einer sehr leichten Schräge – durch Beckenhaut und Kleidung – unterhalb des Bodens und parallel zur Bodenoberfläche fersenwärts vorfühlen. Lassen Sie sich etwas Zeit dazu.
- Danach spüren Sie – von der Beckenauflage her kommend – den Kontakt mit beiden Oberschenkeln, Kniekehlen und Unter-

schenkeln zum Boden in Richtung auf die Fersen hin. Die Fersen finden Kontakt durch Strümpfe und Matten zum Boden; die Fußsohlen können im Kontakt zu den Strümpfen wahrgenommen werden – von den Fersen zu den Zehenkuppen hin.

- Achten Sie darauf, daß Sie das vorgefühlte Kreuzbein und die Fersen nicht aus Ihrer Aufmerksamkeit verlieren – trotz der Erhöhung durch die Stäbe.
- Gehen Sie dann an einer Seite zum oberen Rücken, d.h. zu dem Bereich, der sich an die Schulterkuppe nach rückwärts anschließt. Dieser Bereich fühlt sich mit Hilfe der Haut durch die Kleidung stabwärts zum Boden. Da, wo der Stab im Anschluß an das Schulterblattende für Sie spürbar wird, fühlt sich der Rücken mit Hilfe der Haut schräg durch den Stab fußwärts zum Boden. – Auch die Rückenbereiche neben dem Stab fühlen sich in feiner Schrägrichtung fußwärts zum Boden.
- Immer weiter am Stab entlang und durch den Stab spüren. – Die ganze Rückenseite fühlt sich mit Hilfe der Haut durch die Kleidung und den Stab, auch wenn dieser nicht zu spüren ist, fußwärts zum Boden.
- Sie kommen so zum Lendengebiet – und sind da besonders aufmerksam für das Durchfühlen, auch wenn Sie den Stab nicht konkret fühlen sollten. – Das anschließende Beckengebiet auf dieser Seite fühlt sich nochmals durch den Stab in schräger Richtung zum Boden.
- Das Bein im ganzen, die Ferse und der Fuß dieser Seite können nochmals erkannt und gespürt werden.

Kurze Beobachtungsphase

Beobachten Sie in Ruhe und mit guter Aufmerksamkeit, wie der Rücken dieser geübten Seite sich zeigt. – Wie erfahren Sie den Arm? Hat er eventuell auch etwas profitiert? Und wenn, wie zeigt es sich?

Weitere Übungsphase

- Spüren Sie jetzt nach, ob der Kopf wirklich in der Mitte aufliegen kann. Die Kopfschale fühlt sich von der Auflagefläche her scheitelwärts, d.h. entgegengesetzt der Fersen, flach in den Boden ein und zu einer Begrenzung hin. Fersen und Fußsohlen bleiben dabei gut in der Wahrnehmung.
- Von der Hinterkopfschale her die Verbindung zum rückwärtigen Hals erkennen und spürsam wahrnehmen. Der Hals schaut zum Boden – und verbindet Kopf und Rumpf.
- Nehmen Sie den Rücken jetzt im ganzen wahr – und vergleichen Sie dabei beckenwärts die geübte mit der nicht geübten Seite.
- Während Sie dann das unter dem Boden vorgefühlte Kreuzbein erinnern und beachten, stellen Sie sich auf die zweite Seite ein.
- Von der Schulterkuppe her kommend fühlt sich der obere Rükken mit Hilfe der Haut schräg durch die Kleidung zum Boden, stabwärts.
- Irgendwann erreichen Sie den Stab und spüren ihn im Anschluß an das Schulterblattende. Dann fühlt sich der Rücken mit Hilfe der Haut durch die Kleidung und den Stab zum Boden – in der Schrägrichtung auf Becken und Füße zu. – Die Rückenbereiche seitlich vom Stab spüren einfach in der gleichen Richtung mit.
- Das Lendengebiet beim Durchfühlen durch den Stab gut beachten – und das anschließende Beckengebiet!
- Vielleicht kommt das untere Ende des Stabes in die Nähe des Sitzbeinhöckers oder zeigt in diese Richtung. Dies wahrnehmen, so wie es sich Ihnen zeigt – und das anschließende Bein in Bezug zum Boden fersenwärts erspüren – mit Oberschenkel, Kniekehle und Unterschenkel. Die Ferse spürt die Auflage zum Boden, die Fußsohle den Kontakt zum Strumpf.

Kurze Beobachtungsphase (oder abschließende Beobachtungsphase)

Wie findet sich die gesamte Rückenseite vor? – Wie konnte der Arm dieser Seite reagieren?

Ist es möglich, daß Sie Hinterkopf – Halsbereich – den Rücken mit den Stäben – das Beckengebiet mit dem vorgefühlten Kreuzbein – beide Beine und Füße – beide Arme seitlich vom Rumpf – gleichzeitig wahrnehmen und integrieren können? – – –
Diese Übung kann nach dieser Beobachtungsphase beendet werden. Dazu die Stäbe herausnehmen, der Wirkung nachspüren – und dann nachruhen.
Oder es schließt sich die weitere Übungsphase unmittelbar oder nach einer kurzen Pause an.

Weitere Übungsphase

- Orientieren Sie sich zu einer Fußsohle hin. Der Sitzbeinhöcker dieser Seite schaut zu, wenn sich die Fußsohle so aufstellt, daß das Knie angewinkelt ist. Lassen Sie sich Zeit – während Sie mit Ihrer Aufmerksamkeit bei der Fußsohle sind, die einfach durch die Luft kommt – auch zu beobachten, was dabei im Rückenbereich in eine feine Bewegung kommt oder sich verändert. – Was ist mit dem Rücken, wenn der Fuß sich aufstellt – wenn er auf dem Boden steht? Wo ergaben sich veränderte Kontakte?
- Der stehende Fuß fühlt sich von der Sohle her durch den Strumpf und die Matte zum Boden – und leicht in den Boden ein (wie zu einem unteren Boden!). Die Richtung von der Ferse zur Großzehe ist dabei zu beachten (Fußinnenkante!). – Kann das Kreuzbein mit dabeisein?
- Was von dem angewinkelten Bein erkannt oder gespürt ist, kann mit in der Aufmerksamkeit bleiben –
- und Sie können mit dem Rücken dem Stab immer noch entgegengehen.
- Wenden Sie sich dann der zweiten Fußsohle zu – und erinnern auch den Sitzbeinhöcker dieser Seite. Die Fußsohle kommt einfach in Gang und zum Aufstellen, während der aufgestellte Fuß leicht durchstößt, dann das Durchstoßen läßt und der Sitzbeinhöcker zuschaut. – Was geschieht dabei im Rücken? Beobachten Sie Bewegungen und Kontakte.

- Der zweite Fuß fühlt sich ebenfalls mit Hilfe der Fußsohle durch den Strumpf und die Matte zum Boden – und etwas in den Boden ein. – Beachten Sie nach einer Weile, ob beide Füße gleichmäßig angekommen sind. – (Zum Boden gespürte, eingefühlte Füße brauchen nicht mit den Beinen festgehalten zu werden!)
- Lassen Sie sich eine Weile Zeit, damit der gesamte Rücken und das Becken sich durch die Stäbe fußwärts zum Boden fühlen können. Dabei mit der Einstellung eventuell wie *unter* den Stäben sein!
- Nun ordnen sich beide Füße so, daß die Fußinnenkanten sich berühren, die Fußsohlen auf dem Boden bleiben. Beide Fußsohlen werden dann, wenn der Impuls dazu in Ihnen da ist, miteinander gleiten, ausschleifen. Vorbereitend kann die Großzehe sich jetzt zum Boden hin beugen – und gebeugt bleiben, nicht verkrampft. – Vielleicht kann das Kreuzbein, das unter dem Boden vorgefühlt ist, gleichzeitig auch den Fußsohlen beim Ausschleifen nachschauen – oder Sie sind mit Ihrer Einstellung unter den Stäben – und unter den Fußsohlen. – Die Richtung beachten: Der Kopf ausgewogen in der Mitte – die Wirbelsäule – das Kreuzbein – die Fußsohlen, die miteinander gleiten.
- Bis zuletzt wie unter den Fußsohlen bleiben – auch wenn diese irgendwann den Boden verlassen, haben sie noch Blickkontakt dorthin. – Wenn beide Beine ausgestreckt angekommen sind, lassen die Großzehen das Beugen. Erst dann!
- Beobachten Sie zunächst, wie Sie sich jetzt vorfinden: Becken – beide Beine – Fersen – die Füße mit den Fußsohlen. Wohin schauen die Fußsohlen? – Es kann sein, daß Sie das Bedürfnis verspüren, beide Fersen miteinander über den Boden vorzuschieben, damit die Achillessehnengebiete sich etwas ausgraden können. Tun Sie es behutsam, so, als ob Sie einen Wattebausch vor sich herschieben würden, dann das Dehnen lassen. – Und dann beobachten Sie wieder, wie Sie sich jetzt vorfinden.
- Dann nehmen Sie behutsam beide Stäbe unter dem seitlichen Rücken heraus.

Abschließende Beobachtungsphase

Nehmen Sie in Ruhe wahr, wie sich der Rücken jetzt ohne die Stäbe für Sie zeigt. – Was wird deutlich – oder bleibt noch undeutlich? – Wie ist die Verbindung: Rücken – Becken – Beine – Füße? – Können Sie integriert von Kopf zu Fuß verweilen – und dabei das Rückwärtige, den Rücken klar empfinden?
Ruhen Sie gut nach, behutsam beobachtend. – Beenden Sie dann das Üben, indem Sie sich dehnen oder räkeln – oder auch im Stehen sich nochmals der Wirkung vergewissern.

Kapitel 3
Die Übungsprinzipien als Weg zu integriertem Fußbewußtsein

Innerhalb der Übungsweise „Rhythmus-Atem-Bewegung"/Scharing-Eutonie führen die sieben Übungsprinzipien zu einer gesamtheitlichen Ansprache und Bewegtheit des Menschen auf einer klaren anatomischen und anthropologischen Grundlage. In kleinen und kleinsten Schritten geschieht – wie von außen nach innen oder einfach äußerlich und innerlich, leibhaftig und geistig – ein Weg der persönlichen Menschwerdung. Durch unsere „Verwobenheit" im Leibganzen (Muskelgewebe, Hautgewebe, Nervenbahnen, Knochenstrukturen u.a.) wirkt ein aufmerksames Üben in einem Bereich sich meist auf andere Zonen irgendwie mit aus. Es gilt also, in jeder Übung immer wieder ganzheitlich wahrzunehmen, welche leibliche Reaktion durch eine „Ansprache" ausgelöst wurde. Dabei spielt die Einstellung auf die Füße und die Fußsohlen eine entscheidende Rolle – sowohl für einen Übungsablauf als auch für das alltägliche Verhalten. Dieser Einstellung ist jedes „Sich-Konzentrieren" fremd. Sie lebt von wacher Aufmerksamkeit, aufmerksamem Verweilen, eindeutigem Wahrnehmen, leibhaftigem Spüren. Denjenigen, die über das Üben zu *Übenden* werden, tut sich ein ordnender und durchgängiger Sinnzusammenhang der Prinzipien auf. Dieser wird deutlich und wirksam in einzelnen Übungen und in der wachen Einstellung im täglichen Leben. Körper, Seele und Geist des Menschen lernen wieder, einträchtig und einheitlich zu schwingen und unterwegs zu sein.
Nach einer kurzgefaßten Zusammenschau der Prinzipien und einer ebenso kurzgefaßten Sinndeutung schließen sich ausführlichere Beschreibungen und Erfahrungen zu jeweils einem Übungsprinzip an.

Übersicht über die sieben Übungsprinzipien

Übungsprinzip 1: Sich im Kontakt zur unmittelbaren Umgebung wahrnehmen und spüren

Leibhaftige Selbsterkenntnis und ruhige Selbstpräsenz wachsen im Hier und Jetzt. Leibbewußtheit erwacht wieder und kann sich im Wahr-Nehmen und Wahr-sein-Lassen der jeweiligen Kontakt-Realität (Boden, Luft, Kleidung, Übungsgegenstand) entfalten.

Übungsprinzip 2: Über sich hinaus fühlen – zu einer Begrenzung hin
Es setzt den gespürten und andauernden Kontakt voraus und ist selbst Voraussetzung für eine eventuell nachfolgende Bewegung.

Die echte Kontaktfähigkeit des Menschen kann so leibhaftig und geschützt wachsen, so daß in einer Beziehung Nähe *und* Freiheit berücksichtigt sind. – Es schenkt die Gewißheit, im Hier *und* Da verweilen zu können, ohne sich zu verlieren oder aufzugeben.

Übungsprinzip 3: In einer Bewegung sein
Die eutonische Bewegung *beginnt* gleichzeitig an der Peripherie des Körpers, z.B. an der Fußsohle, *und* dort, wohin diese sich vorfühlen konnte. Die innere Bewegtheit bahnt die Bewegung mit an und bestimmt ihren Verlauf und ihre Dauer.

Die eutonische Bewegung führt zu der Erfahrung, zeitgleich im Innen und im Außen sein zu können. Innerlichkeit und Weltzugewandtheit, das Innen- und Außensein des Menschen vereinheitlichen sich zu einer einzigen Bewegungsgestalt.

Übungsprinzip 4: Den inneren Leibraum bewußt erfahren
Im Ertasten – d.h. im bewußten, aufmerksamen Entlang- oder Hindurchspüren – von Begrenzung oder Volumen lassen sich innere Leibräume kennenlernen. Dabei geht es vorwiegend um rückwärtige Räume von Becken, Beinen, Füßen, sowie denen von Armen und Rücken.

Diese Übungsweise bereitet leibhaftig Einsicht in sich selbst. Der Mensch kann leibhaftig innewerden, wer er bis jetzt geworden ist – auf seinem Weg. Er kann sich verwandeln und erneuern lassen – wesentlich werden mit allen ihm zur Verfügung stehenden Räumen.

Übungsprinzip 5: Sich auf Knochen im Körperraum einstellen
Das Knochenbewußtsein wird geübt, indem mit „eindeutiger“ Aufmerksamkeit an einem bestimmten Knochen im Raum – z.B. Kreuzbein im Beckenraum oder Fersenbein im Fersenraum – entlanggegangen oder auch durch den Knochen hindurchgegangen wird.

Einstellung auf Knochen heißt nicht, daß Knochen fühlbar werden wie Muskeln, sondern daß ein Knochenbild im Körperraum entsteht. (Die

Knochenhaut schmerzt bei Entzündungen. Nur in diesem Sinn kann ein Knochenbereich spürbar werden.) Das wachsende Knochenbewußtsein hilft, nicht nur körperlich, sondern auch im weiteren Sinn zur inneren Fassung und Freiheit zu kommen, in sich hineinzugelangen.

Übungsprinzip 6: *Sich üben im Umgang mit Widerständen*

Bei dieser Übungsweise werden je nach der gegebenen Situation von Übenden und unter Einbeziehung des 7. Übungsprinzipes „Hören, was sein soll!" – verschiedene Widerstands-Materialien in unterschiedlicher Geformtheit verwendet:

- Tennisbälle
- lange und kurze Bambusstäbe in verschiedener Dicke; Lindenstäbe
- Eschenholzrundblöcke; Nudelhölzer
- der Boden als untere Begrenzung; die Wand als seitliche Begrenzung

Die Durchfühlrichtung ist bei den einzelnen Übungen jeweils näher zu bestimmen und zu beachten.

Über eventuelle Ängste und Abwehrmechanismen kann sich bei dieser Art des Übens die überraschende Erfahrung einstellen: Widerstände sind nicht unbedingt „feindlich". Sie bewirken eine größere Herausforderung, und – indem ich mich auf sie einlasse – meist auch mehr Leben und Lebendigkeit.

Übungsprinzip 7: *Auf innere Anweisungen hören*

Die Übende/der Übende hört auf das, was ihr/ihm zu üben einfällt, nachdem Kontakt genommen wurde. Umgekehrt heißt dies, es wird nie nach einem festgelegten Programm geübt oder dort eine Übung einfach angesetzt, wo Beschwerden oder Möglichkeiten auftauchen.

Dieses siebte und dennoch *erste* Übungsprinzip umgreift und durchdringt die einzelnen Übungen und das Üben der einzelnen. Es erfordert eine konsequente Übungshaltung und die Vertrautheit mit den anderen Prinzipien. Es schult und schenkt ein feinfühliges Hören nach innen auf das, was sein oder nicht sein soll. Folgerichtig führt es dahin, bescheiden zu werden, eigene Begrenztheiten und Fähigkeiten anzuerkennen, Mißverstehen und Mißhören vom wirklichen Verstehen und Hören zu unterscheiden, das rivalisierende Vergleichen mit anderen und anderem zu lassen, um Vergebung zu bitten, vertrauen zu können.

Zum ersten Prinzip: Mit den Füßen im Kontakt sein

„Kontakt" im weiteren Sinne, aber auch im Bereich der Übungen in Rhythmus-Atem-Bewegung heißt, spüren und anerkennen, daß ich in einer bestimmten Weise zu etwas hin in Verbindung oder Beziehung bin. Darunter fallen alle Übungen und Übungsschritte, die darauf hinzielen, mich selbst in der unmittelbaren Bezogenheit zum Nächstliegenden wahrzunehmen:

- im Liegen in der Rücken-, Bauch- oder Seitenlage zum Boden hin, die Fußsohlen zum Strumpf oder zur Luft;
- im Sitzen von allen Berührungsflächen her zum Stuhl, die Füße zur Kleidung oder zur Matte und zum Boden, das Scheitelgebiet zur Raumdecke hin (2. Prinzip);
- im Stehen von den Fußsohlen her zur Unterlage, zum Boden oder zum Übungsholz, vom Rücken zur Kleidung;
- im Gehen von der Fußsohle her zu wechselnden Bodenverhältnissen wie Stufen, Unebenheiten, unterschiedliche Materialien u.a.

Jede Übungsanleitung im Sinne der Scharing-Eutonie führt – nach einem Gesamtüberblick der Kontaktsituation – vom Becken her beginnend zugleich boden- und fersen-/fußwärts. Dabei werden durch das schräg gerichtete Fühlen auf feinste Weise die Nerven- und Blutbahnen in dieser Richtung „unausgesprochen" angesprochen. Für die Füße bedeutet das in jedem Fall einen möglichen Zuwachs an Lebendigkeit oder Bewußtheit. Oft dauert es lange, bis jemand dieses so wahrnimmt oder empfindet. Manchmal geschieht aber auch eine fast blitzartige Erkenntnis: dann z. B., wenn bei einer Kontaktübung in Rücken- oder Bauchlage oder bei der Trochanterübung in Seitenlage zunächst eine Seite fußwärts geübt wurde, dann die Übung behutsam durch ein Aufstehen und Stehen und Gehen unterbrochen wird – mit dem Ziel, die geübte und die ungeübte Seite zu unterscheiden und zu vergleichen. Dabei wird meist der Fuß der bereits angesprochenen Seite *so* oder ähnlich empfunden:

- Der Fuß steht wie tiefer im Boden.
- Ich spüre die ganze Fußfläche gleichmäßig im Kontakt zum Boden – und wie weich, wie mit gepolsterter Sohle.
- Der Fuß setzt beim Gehen anders auf, weicher, spürsamer, beweglicher.

– Das Bein empfinde ich geräumiger – und ich ahne eine innere Verbindung vom Rumpf zum Fuß hin auf dieser Seite.

Mit bleibender Aufmerksamkeit bei den Füßen zu verweilen – das wird zunächst oft wie eine harte Arbeit oder ein fremdartiges Tun empfunden. Gewohnt erscheint eine andersartige und andersgerichtete Aufmerksamkeit auf den Kopf-, Arm- und Hand-, Brust- und Bauchbereich (Frontalbereich). Deshalb entsteht dort eher das Gefühl, wie anwesend zu sein, was allerdings auch noch manch heilsamer Ent-Täuschung Platz machen muß. Erst wenn das Rückwärtige des Menschen mit ins Gespür einbezogen sein kann, gibt es so etwas wie eine gesamtheitliche „Anwesenheit", eine wesentliche „Anwesenheit". Und die Fußsohle gehört zum Rückwärtigen beim Menschen!

Immer wieder sagen Menschen, die schon längere Zeit üben, oder auch solche, die sich über die Übungsweise informieren wollen: „Ja, ich habe doch meine Füße!" – Oder: „Ich bin eigentlich ‚gut zu Fuß', ich laufe oder wandere gern." – Oder: „Ich treibe Sport." „Füße" denken oder wissen oder mehr mechanisch anfassen oder gebrauchen – das hält sich noch weit entfernt von einer neuen Fußqualität auf: Füße bewußt spüren – bei den Fußsohlen immer wieder bewußt spürsam verweilen können – mit bewußtem Fersenraum gehen und stehen können – Gespür dafür haben, daß einzelne Zehen und Zehenzwischenräume mit zum Ganzen gehören.

Gelingt es, mit zunehmender Übungseinstellung bei den Füßen aufmerksam zu verweilen, während einer Übung und im Alltag, stellt sich wie ein Geschenk auch eine wache Aufmerksamkeit für den gesamten Leibbereich ein. Es geht ums Ganze, um den ganzen Menschen, um Leib und Seele und Geist. Der leibhaftige Kontakt von den Füßen her verhilft auch dazu, zu wissen, wo mein Platz im Leben ist – mit beiden Füßen im Leben zu stehen – einen Standpunkt zu haben und dennoch beweglich zu sein – mit beiden Füßen *so* zu stehen, daß ich von Menschen und von Gott angesprochen werden kann, weil ich bei mir zu Hause bin.

„Vollkommen neu und völlig überraschend war für mich die Bedeutsamkeit der Füße. ‚Alles geht von den Füßen aus', und ‚Sie müssen in und auf die Füße kommen. Der Grund muß stimmen!' so hieß es. Ich fiel buchstäblich wie aus allen Wolken. Jetzt sollte ich nach unten kommen, wo ich früher alles daran gesetzt hatte, nach oben zu gelangen, mit klarem Kopf und scharfen Gedanken das ‚*Geistige in der Höhe*' zu erreichen.

Lange bemühte ich mich mit intensivem Üben, meine Füße bewußt im Kontakt zum Boden zu spüren. Doch ich bekam buchstäblich keinen Fuß auf den Boden. Das stimmte mich oft traurig, und ich stellte mir Fragen: ‚Warum ist es nicht möglich?' – ‚Wo soll mich das hinführen, dieses vom *Boden*, vom *Grund* aus aufgerichtet werden?' – ‚Was kann ich noch tun oder lassen?'

Langsam begann ich tiefer zu ahnen und zu verstehen, wie ich bisher gelebt hatte. Alle meine vergangenen Versuche und Bemühungen um inneres Leben hatten mich mehr auseinandergerissen und noch weiter von mir selbst entfernt, weil sie nicht wirklich die meinen waren. Unkontrolliert und fast ohne Spur von Unterscheidungskraft hatte ich mich mehr blind und gutgläubig in Bereiche und auf Übungswege gestürzt, die mir in keiner Weise zuträglich waren. Jetzt erlebte ich bewußte Angst im Kontaktnehmen, weil nur die einfache Realität blieb und alles Gemachte überflüssig wurde.

Trotzdem übte ich tapfer weiter. ... Völlig unerwartet fühlte ich eines Tages während eines Gespräches mit klarem Bewußtsein Boden unter meinen Füßen. Das war eine freudige Erschütterung, die durch Mark und Bein ging. Ich konnte diese Erfahrung noch nicht konstant beibehalten, aber ich wußte aus der lebendigen Erinnerung heraus, daß Grund in mir und Gegründetsein erfahrbar waren. Das gab mir Mut zum Weitermachen.

Jetzt, nach einer langen Übungszeit, komme ich mir vor, als sei ich damals wie auf einem Seil getanzt, ohne mir dessen bewußt gewesen zu sein. Und ich erlebe bewußten Dank für das Weggeleit in dieser Übungsweise und für die Füße auf dem Weg" (Brigitte Loos-Hostens, 1990).

Zum zweiten Prinzip: Erweiterter Kontakt über die Fußsohlen hin

Für das Üben nach diesem zweiten Prinzip der Scharing-Eutonie ist es erforderlich, folgendes zu beachten, damit es seine befreiende und ordnende Wirkung entfalten kann:

- Übende verweilen beim Über-sich-hinaus-Fühlen klar bei sich selbst und im erübten Kontakt (Kreuzbein- und Beckenbereich, Beine, Füße, Rückwärtiges).
- Es geht *nicht* um eine „sogenannte Verlängerung" von Körperbereichen. (Erläuternd sei gesagt: Wenn die Voraussetzung über Prinzip 1 geschaffen ist, kann das Über-sich-hinaus-Fühlen auch bewirken, daß der Mensch sich kleiner fühlt, weil er zu sich kommt und sein rechtes Maß findet!)

– Die Einstellung und das Fühlen über sich hinaus wird immer durch einen realen oder vorgestellten Gegenstand in angemessener Entfernung begrenzt.

Bewußt erlernt werden kann dieses „Fühlen über sich hinaus“, weil der Mensch von Natur aus dazu begabt und angelegt ist. Nur mittels dieser Fähigkeit findet er sich in Räumen, Bewegungen und Beziehungen zurecht. Er braucht notwendigerweise eine Begrenzung von außen, weil er nicht bedingungslos und unendlich offen sein kann, sondern eher ohne Begrenzung dazu neigt, „außer sich“ zu geraten.

„Im Zusammenhang mit dem Über-sich-Hinausfühlen *und* Im-Kontakt-Sein kam mir ein Satz von Thomas von Aquin in den Sinn: ‚Das Handeln folgt dem Sein‘ (agere sequitur esse). Ich erfuhr diese einfache Wahrheit auf einer sehr einfachen Ebene – im eutonischen Üben – und formulierte den Satz des Thomas für mich um: Nur wenn ich tatsächlich bin, bei mir bin, im Kontakt bin, kann ich über mich hinaus-fühlen.

Das innere Ahnen und Wissen darum, daß diese Art des Übens mir eine Hilfe sein kann, war notwendig, um einen schnellen inneren Zugang zu diesem Prinzip zu finden. Ich konnte tatsächlich etwas entlassen, z.B. körperliche Überspannung und Schmerz (chronische Polyarthritis). Aus dem Körper und der Seele konnte Erstarrtes, Verhärtetes abgeleitet werden. Es entstand Raum und Harmonie und Klarheit. Es kam etwas in Fluß, in Bewegung. Ein freierer Raum und ein freierer Weg wuchsen heran. Und es war wie ein langsames Lösen und Lassen.

Über-sich-hinaus-Fühlen hat für mich mit Lassen-Können zu tun, und beides setzt Vertrauen voraus.

Es kam noch eine gute Erfahrung dazu: Das Durchfühlen der Füße in der Übung des Sitzens – zu einem tatsächlichen oder vorgestellten tiefer liegenden Boden ließ mich meine Füße neu wahrnehmen. Voll Freude wurde mir bewußt, daß ich leibhaftig in ein Ganzes eingebunden bin – und Stand habe.

Diese Erfahrungen kamen mir in meiner Beratungsarbeit sehr zustatten. Vor schwierigen Gesprächen war es gut, eine Weile übend auf dem Stuhl zu sitzen. Wenn das Kreuzbein zur Stuhllehne gefühlt wurde, die Sitzbeinhöcker zur Sitzfläche und durch diese hindurch parallel zu den Unterschenkeln zum Boden und in den Boden ein, die Fußsohle zur Unterlage und senkrecht durch diese hindurch in den Boden – und das Scheitelgebiet sich Richtung Zimmerdecke spüren konnte – gab es Wachheit und Klarheit und Fassung. Schmerzen ließen nach.

Klar und eindeutig konnte ich bei mir sein, mich in der Weise des Hinhörens und Hinschauens dem anderen zuwenden, mich auf ihn einstellen. Die Fähigkeit des sicheren Fühlens wuchs.
Das Über-sich-hinaus-Fühlen zu etwas hin veränderte meinen Umgang mit der Umwelt, regelte neu meinen Umgang mit Nähe und Distanz in positiver Weise" (Ursula Oberle, 1990).

In ihrer bereits angeführten Arbeit „Auf den Boden der Tatsachen kommen" schreibt Beate Jäger, nachdem sie eine Sitzübung auf dem Stuhl skizziert hat, über ihre eigene Erfahrung mit dem zweiten Prinzip: „In der beschriebenen Übung wird an einigen Stellen das zweite Prinzip angesprochen, so z. B. beim Einfühlen der Fußsohlen in den Boden und zu einem nächsten Boden hin. Das erweiterte Fühlen in den Boden kann wie ein Verwurzeln wirken, das den Füßen besseren Stand und den Beinen mehr Halt gibt. Manchmal lassen Überspannungen in der Muskulatur, sowie Fehlstellungen im Hüftgelenk (X- oder O-Beine) die Beine beim längeren Sitzen unruhig werden und nach außen fallen. Da kann das Ableiten der Spannungen und das Sich-Einlassen auf und in den Boden eine Hilfe sein ...
Die für mich wichtigste Erfahrung und Hilfe beim Sitzen ist das Weiterfühlen der Sitzbeinhöcker und des Scheitelgebietes: Sitzbeinhöcker und Scheitelgebiet richten sich durch das erweiterte Fühlen zu entgegengesetzten Polen aus – Boden und Zimmerdecke. Dies gibt mir das Gefühl, aufgerichtet ohne überstreckt zu sein. Darüber hinaus liegen hier die Ansatzpunkte für eventuelle Bewegungen, z. B. für das Vorbeugen des Oberkörpers oder das Neigen des Kopfes ...
Erweitertes Fühlen braucht als Vorbereitung immer die Grund-Lage des Kontaktes, den Boden, denn es geht über mich hinaus. Es könnte mich im Extremfall aus mir ‚herausziehen', wenn ich dabei meine Kontakte, vor allem den der Füße zum Boden, verliere.
Das Üben des erweiterten Fühlens kann im weiteren Sinn für mich bedeuten, daß sich meine Kontaktfähigkeit und mein Einfühlungsvermögen gegenüber meinen Mitmenschen verbessert oder klärt. Hier ist es beinahe lebensnotwendig, den eigenen Boden und Raum als Grundlage und Standpunkt zu behalten, bei den Füßen zu bleiben, da ansonsten die Gefahr besteht, mich zu verlieren oder zu verlassen."

Zum dritten Prinzip: In einer Bewegung sein – von den Füßen her

Eine eutonische Bewegung (im Sinne von Rhythmus-Atem-Bewegung) setzt den Kontakt zum Nächstliegenden voraus, das Sein im Hier und Jetzt. Sie bahnt sich an im erweiterten Kontakt, d. h. im Hier und Da, im Vorfühlen von der Peripherie des Körpers her – über eine Distanz hinweg zu einer Begrenzung hin. Dort, wo der erweiterte Kontakt zustande kam oder auch nur gemeint ist, beginnt der Bewegungsablauf.
Verschiedene Übungen dieses Buches, die zu Bewegungen auf eutonischer Grundlage anleiten, beinhalten zum Beispiel folgende Elemente:

- Die Fußsohle fühlt sich zur Wand vor. Die Fußsohle beginnt die Bewegung dort, wohin sie vorgefühlt ist. Der anschließende Unterschenkel oder das gesamte Bein folgen der Bewegungsführung durch die Fußsohle und werden selbst bewegt nach oben oder zur Seite. Oder
- die Zehenkuppen fühlen sich wandwärts vor. Dort, wohin sie vorgefühlt sind, beginnen die Kuppen die Bewegung. Zehen und Fußanteile folgen der Bewegung. Oder
- bei angewinkeltem Knie und aufgestellten Füßen in Rückenlage fühlt sich die Fußsohle durch die Unterlage schräg zum Boden hin. Damit ist bereits die Bewegungsrichtung angedeutet. Indem die Fußsohle zum Boden gefühlt bleibt, führt sie die Ausschleifbewegung an, und das Bein folgt, bis es ausgegradet angekommen ist.

Um in der Gesamtheit und in möglichst ungeteilter Anwesenheit während der Bewegung verweilen zu können, ist es notwendig, zuvor den bewußten Kontakt für den Kreuzbein-/Beckenbereich, die Beine und Füße mit Fersen und Fußsohlen angesprochen zu haben. Dieser leibhafte Grund gehört zu jeder eutonischen Bewegung und macht sie harmonisch und fließend in ihrem Ablauf. Vor allem ist er notwendig, wenn die oberen Extremitäten, die Arme, Hände und Finger, sich klein- oder weiträumig bewegen. Aber auch wenn der Kopf und die Wirbelsäule in kleine oder große Bewegung kommen, ist es wesentlich, den leibhaftigen Grund nicht aus dem Bewußtsein zu verlieren und bei den Füßen zu verweilen. Sonst stimmt die Bewegung nicht, und die Bewegung wird nicht zum inneren Weg.
Die eutonischen Bewegungen in der oben beschriebenen Übungsweise können aus dem Stehen, Liegen und Sitzen ausgeführt werden. Sie schließen das Rückwärts- und Vorwärtsgehen mit ein. Ebenso gehören zu diesem dritten Übungsprinzip auch das von angeleiteten Übungen her bekannte Schleifen oder Durchstoßen der Füße, das Dehnen nach jeder

Übung und das Lassen nach jedem Dehnen. Das Lassen selbst ist ein wichtiger Übungsaspekt und muß oft eigens gelehrt und gelernt werden. „Die Seele des Menschen kommt im Leib und in dessen Bewegungen zum Ausdruck“ (Karl Jaspers).
Im folgenden ist ein Text von Hilda Dombrecht aus ihrer Examensarbeit 1990 „Rhythmus – Atem – Bewegung: Ein Weg zu innerer Freiheit“ zitiert. Sie schreibt nach einer Übungsanleitung in Rückenlage, bei der die Fingerkuppen, zu einer Wand hin vorgefühlt, einen Arm seitlich gleitend am Boden entlang- und wieder zurückführen:
„Diese Übung gibt mir Luft im Rücken, die Finger werden frei, es zieht und dehnt sich im Schulterbereich, meine Verhärtungen werden angesprochen. Das Wort ‚bewegen‘ ist für mich verwandt mit Weg oder wiegen oder Waagschale. Der Anfang der Bewegung ist ein subtiles Tasten an der Peripherie, wie ein Abwägen von Innen und Außen. Der ganze Körper, das ganze Sein ist also beteiligt. Wenn die Bewegung schwerfällt, kann das Üben in der Vorstellung eine große Hilfe sein. Die Muskulatur wird auf diese Weise schon ganz fein ins Schwingen gebracht. Außerdem kann das Tönen (lautlos oder stimmhaft) vom Kreuzbein aus durchs Bein und in den Fersenraum auch die Bewegung erleichtern, und es kann helfen, in der Bewegung ganz dabei zu sein. Eine derartige Bewegung wird fließend und harmonisch/ausgeglichen verlaufen, wird organisch sein.
Sich bewegen im alltäglichen Betrieb, beim Musizieren oder Anordnen von Blumen, beim Fensterputzen, Unterweisen während des Klavierunterrichtes kann fast tänzerisch leicht werden. Der Rücken wird angesprochen, dieWirbelsäule wird durchgängiger. – Das Innen- und Außensein in der Bewegung läßt mich überdies meinen eigenen Rhythmus erfahren. Es macht den grundlegenden Unterschied zu einer mechanisch ausgeführten Bewegung aus. Die Füße und vor allem die Fersen in ihren Kontakten nicht verlieren, darin liegt das Geheimnis für die Übungsweise in Rhythmus – Atem – Bewegung. ‚Der Weg wächst im Gehen unter deinen Füßen wie durch ein Wunder‘ (Reinhold Schneider).
Heutzutage ist die Erde überspannt mit einem äußerst verwickelten Netz von Wegen und Straßen. Man muß ‚wegwijs geraken‘, also Bescheid wissen. Seinen Weg finden und gehen (im Einklang mit dem siebten Prinzip) geschieht durch einen Prozeß, der Schritt für Schritt gegangen werden muß, mit ‚Andacht‘ für das, was passiert. Manchmal brauche ich auch einen Schritt zurück, um klarer zu sehen und zu spüren, und dann erst gehe ich vorwärts. – Diese leibhaftige Übungsweise ist hilfreich dafür, daß der Werdeprozeß im Menschen seinen Weg findet. Beim Üben kommt

manchmal eine Überraschung. In der Aufmerksamkeit dafür lerne ich erspüren und wissend anerkennen, was und wie es jetzt ist, lerne ich unterscheiden.
Das Bewegen in dieser Übungsweise erinnert mich an das Spazierengehen von einst. Der Mensch bewohnte sein Haus früher viel intensiver als jetzt, Freizeit und Urlaub gab es kaum, höchstens Zeit für einen Spaziergang. ‚Spazieren ist im Wesen die Kunst, um sich rein und ohne Vorbehalt durch die Wendung der Welt und von Dingen überraschen zu lassen. Der Schritt der Spaziergänger bringt die Umgebung selbst in Bewegung: die Gegenbewegung der direkten Nähe und die fast unmerkbare Verschiebung am Horizont. Die Landschaft wird immer neu, und gerade der kleine, schmale Pfad bereitet dem Spaziergänger mit geringen Mitteln die größten Überraschungen. Bei jeder Wendung erscheint eine ganze Welt auf eine Weise, die nie wiederholt wird' (in: Libert Vander Kerken, Filosofie van het wonen, Antwerpen 1965). So auch die Bewegung in unserer Übungsweise: Jeder Moment ist einzig.
Jeder äußeren Bewegung entspricht eine innere Mitbewegtheit. Bereits das Kontaktspüren in feiner Schrägrichtung bodenwärts-fersenwärts bringt schon eine feinste Bewegung im Körper. Ich habe beim Hospitieren eines Grundkurses sehen und beobachten können, wie die ganz feinen Schwingungen bei den Übenden eine wie erneuerte Leibform modellierten. Für die Übenden selbst ist es bedeutsam, die Änderungen selbst zu spüren und übend immer feiner damit umzugehen."

Zum vierten Prinzip: Innenraum der Beine und Füße erfahren

Dem Üben nach diesem vierten Übungsprinzip der Scharing-Eutonie, dem Innenraum-Tasten, geht selbstverständlich das Kontaktnehmen, die einfache „Standortbestimmung" voraus. Wo bin ich jetzt? Wie finde ich mich vor im Kontakt zu dem, was mir von außen her nahe ist? – Anschließend einen Weg nach innen finden, z. B. in den Fersenraum, und mich an der Innenseite der „Hautwände" entlangtasten, den angrenzenden Innenraum erkennen – das kann fast zu einem kleinen Abenteuer werden. *Einsicht* im umfassenderen Sinn stellt sich vielleicht ein, während ich versuche, in mich *einzusehen,* inwendig an der Haut zu sein – und das in den rückwärtigen Räumen. Das Abenteuer, in mir Raum zu finden, kann anfänglich von dem Eindruck und der Erfahrung begleitet sein, daß der Raum erst aufzuräumen sei. Vor allem die Muskulatur im Oberschenkelbereich erscheint oft wie bewohnt und besetzt von alten Erlebnissen: Sich etwas verkneifen müssen. – Sich anstrengen müssen. – Unbedingt etwas machen wollen. – Sich ängstlich zusammenziehen. – Stärker und schneller sein wollen.

Beim Innenraumtasten (auch bei anderen Übungsweisen) kann es geschehen, daß sich diese alten Verhaltensmuster muskulär lösen wollen. Ein vermehrtes Ausscheiden über die Nieren und die Haut kann u.a. dafür ein Anzeichen sein. Es ist dann gut, reichlich Wasser oder Tee zu trinken, um einen körperlichen Entgiftungsprozeß zu unterstützen.

Beim konkreten Üben geht es darum, die Geräumigkeit, das Volumen, die Dreidimensionalität des Körpers zu erfahren und damit leben zu lernen. Muskeln, Knochen, Gewebe oder Organe, die sich dabei eventuell miteinstellen, können außer acht gelassen werden. Sie haben anderswo, jedoch nicht bei diesem Übungsprinzip, ihre Wichtigkeit. – Selbst nach jahrelangem Üben erfahre ich zur Zeit so etwas wie einen geheimnisvollen Tiefgang: Meine von Natur aus schwachen Füße geben in sich einen Raum frei, gewinnen Schwingung und Volumen, signalisieren mehr Kraft – und auch Freude an neuem Boden und neuen Wegen.

An dieser Stelle sei an die Übung 10 im Übungsteil des Buches erinnert: „Durch die hinteren Räume gehen – vom Becken bis zu den Füßen."

Schwester Marlene Eichhorn schreibt dazu in ihrer Examensarbeit „Die Bedeutung des Kreuzbeins" (1986) unter anderem:

„Für mich war diese Art des Übens zunächst fast unmöglich. Überall erlebte ich ‚Sperren wie durch Verklebungen'. Wenn ich an einer Übung dranblieb, war ich hernach völlig erschöpft. (Es gelang anfangs nur unter Anleitung.) Gelang mir das Durchtasten annähernd, spürte ich Luftigkeit unter der Haut und ein Gefühl der Weite. Manchmal glaubte ich, hernach ausgeglichener zu sein.

Für das Erleben eines lebendigen Rückens, lebendiger Füße und für die gesamte Durchlässigkeit sind die rückwärtigen Innenräume wichtig und bedeutsam. Innen am Becken, am Kreuzbein, in den Beinen, Fersen und Füßen sein hilft mir, bei mir zu sein oder mich zurückzunehmen, wenn viel ansteht und ich Gefahr laufe, zu ‚rotieren'. Hier ist auch das Wort ‚Rücksicht' im Sinne von ‚Einsicht' angebracht. Ich muß von Zeit zu Zeit inne-halten, inne-sein, zurückschauen, um meine Situation zu klären, um ‚aufgeräumt' zu sein. Besonders das Üben des inneren Fersenraumes, d.h. an der inneren Fersenhaut zu sein, ist eine gute Möglichkeit, zur inneren Ruhe zu kommen. Es kann unter Umständen auch zum Einschlafen hilfreich sein. – Innen sein – sich in den rückwärtigen und vorderen Räumen ‚ganz bewohnen' – bewirkt ein harmonisches Gefühl und verhilft zu ganz-

heitlichem Denken. – In diesem Zusammenhang hat mir auch die abendliche Rückschau auf den Tag geholfen."
Noch zwei weitere Erfahrungsbeispiele seien angefügt, um die Vielfalt der Möglichkeiten, die individuelle Wachheit der Übenden – und die Bedeutsamkeit der rückwärtigen Räume im Unterwegssein zu „unterstreichen".

„Winzige Körperräume, die zwischen der Innenseite der Rückenhaut und der Wirbelsäule liegen, werden mir bewußt, wenn ich nach einer Übung im Stehen auf dem Eschenrundholz einen ersten – und dann auch noch einen zweiten Schritt zurückgehe: mit bewußt gespürten Fußsohlen – und achtsam auf den Raum in den Füßen, vor allem in den Fersen. Im Warten und Lauschen erfahre ich einen durchströmten Rückenraum, dessen Schwingung mich Weite spüren läßt. Er erwächst mir aus der Rücksicht in den eigenen Rücken und schenkt mir ein anderes Gewahrsein. Situationen, in denen ich früher nur emotional reagieren konnte, lassen sich umwandeln und klären, wenn ich in meinen rückwärtigen Räumen bleiben kann. Aus Ungeordnetheit wird Vielfalt" (Elisabeth Engelbach, 1990).

„Zum Beispiel: Fersenräume
– Nach vorherigem Kontaktnehmen von Becken, Beinen und Füßen, eventuell auch des Oberkörpers und der Arme, wende ich mich speziell einem Fersenraum zu. – Ich tue damit einen behutsamen Sprung direkt in den Fersenraum, ohne vorher die hinteren Räume des ganzen Beines geübt zu haben (was in einer vorhergehenden Übung bereits geschehen sein sollte). Das Bein bleibt aber trotzdem in der Aufmerksamkeit und im Bezug zum Ganzen dabei.
– Ich versuche diesen Fersenraum zu erfahren, indem ich mich entweder im Raum zwischen Innenhaut und Fersenbein tastend bewege oder mich an der Innenseite der Haut entlangtaste. Immer im Fersenraum verbleibend, kann ich die Außenwand der Ferse/Hautinnenseite im Bereich des äußeren Knöchels erspüren, dann zur Fersenrückwand/Hautinnenseite kommen, weiterspüren zur Innenseite der Ferse/Hautinnenseite im Bereich des inneren Knöchels und schließlich zur Fersensohle/Hautinnenseite gelangen.
– Nachdem ich das gesamte Bein vom Becken her im Kontakt und im Blick auf den Fersenraum überschaut (und eingesehen) habe, vergleiche ich es mit dem anderen, noch nicht geübten Bein und beachte dabei beide

Fersenräume. – Dann wende ich mich dem zweiten Fersenraum zu, der in der gleichen Weise geübt und erkannt werden kann.
Das Üben der inneren Räume ist mir von jeher sehr lieb, beinahe vertraut gewesen. Ich kann sogar sagen, daß ich zu meinen Innenräumen schnelleren und besseren Zugang fand als zum Kontakt zu meiner nächsten Umgebung (Kleider, Boden, Umwelt). Heute sehe ich darin den Zusammenhang mit meiner Neigung zur Introvertiertheit. Vielleicht hatte ich das vierte Prinzip isoliert geübt und so aus dem Zusammenhang der sieben Prinzipien herausgenommen. Sich in den eigenen Innenräumen zu ‚aalen', ohne den *grundlegenden* Kontakt (erstes Prinzip) und den Bezug zur äußeren Grenze (zweites Prinzip) zu beachten, kann den Blick auf das wirkliche Geschehen, das äußere wie das innere, sogar verhindern, und es würde dem aufbauenden Sinn der sieben Prinzipien widersprechen.
Als ich im Laufe der Jahre bewußter Kontakt nehmen konnte, veränderte sich auch das Erleben meiner inneren Räume. Es waren nicht mehr nur leere Räume. In dem Maße, wie einerseits Überspannungen und Stauungen sich lösen konnten, wurden diese Räume wie neu ausgefüllt, erschienen mir wärmer, farbiger, durchlebter. Außerdem bekam der jeweilige Körperbereich mehr spürbare Form. Auch das Erfahren der Innenräume braucht die Begrenzung, denn dadurch wird ein Raum erst zum Raum. Und es braucht eine Richtung – wie bei allen Übungsprinzipien immer fußwärts –, um sich nicht in einem ungegründeten Raum zu verlieren" (Beate Jäger, 1990).

Zum fünften Prinzip: Klarheit durch Knochenbewußtsein in Becken-, Bein- und Fußräumen

Knochen in ihrer Struktur und in ihrem Aufbau sind etwas Helles, Klares und Leichtes. Sie wurden nicht als eine Art „Zementguß" hergestellt, sondern konnten lebendig wachsen. Blut- und Nervenbahnen finden ihren Weg durch die umgebende Knochenhaut hindurch, zugleich sie ernährend und belebend. Sehnen, Bänder und Muskulatur halten die Knochen über die Gelenke hin in beweglicher Verbindung mit allen Bereichen des Körpers. Knochen, leibhaftig ins Körperbild und -bewußtsein integriert, erhellen, klären und erleichtern das Innesein im eigenen Körperraum. Sie wirken als gegebener Halt, vor allem die Knochen in Becken-, Bein- und Fußräumen. Leibhaftig integriert können sie ein persönliches Durchhaltevermögen klärend beeinflussen: Schwierige Lebenssituationen beweglich durchhalten – nicht darin erstarren – gelassener durchschreiten.

Werner Bergengruen, der Gestalt des Menschen nachspürend, spricht von der Einpflanzung der Wirbelsäule ins Becken: „... gerammt in den Grund der Hauptstamm steht" (in: Rosenberg, Kreuzmeditation, München 1976, S. 56). Dabei ist gewiß ebenso der erweiterte Grund mitgemeint, d.h. Becken, Beine, Fersen und Füße. Sie gemeinsam tragen die Aufrechte, die aufrechte und beschwingte Gestalt des Menschen. Von ihr sagt Goethe: „Die Gestalt des Menschen ist der beste Text zu allem, was sich über ihn empfinden und sagen läßt" (s. aaO., S. 55).

Der erste Knochen, der übend ins Bewußtsein kommen darf, ist das Kreuzbein im und mit dem Beckengürtel. Das geschieht schon bald zu Anfang des Übens, etwa in einem Grundkurs. Von da aus schließen sich die Knochen in den Bein- und Fußräumen an. Die Wirbelsäule insgesamt oder einzelne Wirbel besonders, die Knochen des Schultergürtels und der Arme übend anzusprechen setzt voraus, daß die Übenden gleichzeitig gut im „Grund" (Becken, Beine, Füße) und im geübten Bodenkontakt zu bleiben vermögen.

Verschiedene Übungsphasen des Skelettbewußtseins lassen sich so umschreiben:

- Kennenlernen der Knochen, ihrer Lage, Form und Struktur über das Anschauen von Karten und Modellen, durch eigenes Modellieren und Zeichnen.
- Kennenlernen der Knochen durch Orientierung am eigenen Körper und Abtasten von Knochenkonturen, so weit es möglich ist (z.B. Beckenkämme, Dornfortsätze des Kreuzbeins, Schienbeinkante, Fersenbein, Grundgelenke der Zehen u.a.).
- Übendes Einstellen auf die unsichtbaren, aber real-präsenten Knochen – mit der Vorstellung von diesen Knochen im eigenen Körperraum. Die oft noch „unzureichende" Vorstellung korrigiert sich zunehmend, vervollständigt sich und weitet sich aus zu einem wirklichen Knochenbewußtsein.
- Die Knochen im Körperraum, vor allem in Becken-, Bein- und Fußräumen, werden übend angesagt oder kommen ins „Spiel" bei eutonischen Bewegungen.
- Von Knochenenden oder -flächen aus wird über sich hinausgefühlt. Dabei ist jeweils eine näher zu bestimmende Fühlrichtung zu beachten.
- Heile Vorstellung auch von deformierten Knochen (z.B. bei Hammerzehe oder Hallux valgus u.a., auch von fehlenden Bandscheiben) und das Üben mit ihnen, als seien sie in einer rechten Ordnung, halten den

Weg zu einer Eigenkorrektur offen. Das Üben orientiert sich am normalen Skelettaufbau, nicht an dem kranken oder defekten Zustand.

Zum Verständnis des nachfolgenden Textes empfiehlt sich, die Übung 10 aus dem Buch „Sitzen – Schweigen – Hören“ (Mainz ³1991) nachzulesen, vor allem die Übungsweise B, die das Knochenbewußtsein miteinbezieht. Als mögliche Wirkungen dieser sogenannten „Fünf-Phasen-Übung – in der Bauchlage“ sind u.a. dort angeführt:

- Es wird eventuell eine Durchgängigkeit vom Kopfraum über die Wirbelsäule bis in die Beine und Füße erfahren.
- Die Beine (X-Beine) werden in den Hüftgelenkspfannen wie neu eingerichtet.
- Die Großzehe übernimmt für weite Strecken die Führung in dieser Übung. Sie wirkt als „Dirigent“. Dadurch entsteht Klarheit und Durchgängigkeit vom 1. Halswirbel bis zur Großzehe.

„Meine Beine befanden sich damals noch in einer sehr starken X-Stellung. Sie begradigten sich durch diese einrichtende Übung. Die Aufstandflächen der Fußsohlen bekamen einen anderen, gemäßeren Schwerpunkt. Die sich schmerzhaft vollziehende Änderung wurde zugleich Arbeit an mir selbst. Ich mußte das ‚Zulassen‘ lernen – dagegen-arbeiten hätte die ersehnte Wirkung gefährdet. – Wenn auch die Stellung der Gelenke sich wie in einem einzigen relativ kurzen Prozeß verändert hatte, so galt das noch lange nicht für meine Muskulatur. Ihr mußte ich mehr Zeit lassen, um nachzukommen, hierbei war alltäglich zu lassen.

Sehr viel später brachte die Erfahrung des Knochenbewußtseins auch Ordnung in einem seelischen Bereich. Das Bewußtwerden meines Skeletts als innerer körperlicher Halt, als strukturgebendes Element, seine eigene innere Geschütztheit und seine schützende Eigenschaft entwickelten in mir eine Gewißheit des ‚Wohlbehütetseins‘. Ich fühlte mich der täglichen Überbeanspruchung von unterschiedlichen Seiten her weniger ausgeliefert und preisgegeben, konnte meine einfache Daseinsberechtigung selbstverständlich akzeptieren. Die Gewißheit, in mir selbst gewollt und berechtigt zu sein, wird für mich immer mehr zu einem Geschenk bedingungsloser Gnade“ (Elisabeth Engelbach, 1990).

Gerade weil die Knochen nicht unseren täglichen, vordergründigen Blikken ausgesetzt sind, tauchen über die Übungen mit Knochenbewußtsein immer wieder Fragen auf. Deshalb sei nochmals Klärendes und auch Nachdenklichmachendes an dieser Stelle gesagt:

Einstellung auf Knochen bewirkt nicht einfach, daß Knochen fühlbar werden, sonst läge ja eine Entzündung der Knochenhaut vor, sondern daß

ein Knochenbild im Körperraum entsteht. Knochen können wie innerlich gesehen werden, wenn der Mensch aufmerksam, übend und freundlich bei ihnen verweilt. Die eigene Knochenstruktur, die knöcherne Innenstruktur des eigenen Leibes klärt sich zunehmend. Das, was anschaulich im Bild oder Modell vor den Augen stand, wird inständlich und einsichtig im eigenen Leibraum. Dabei spielt es keine Rolle, wenn zu Beginn noch vieles unklar und wie im Werden und Wachsen ist. Es geht nicht um ein sofortiges perfektes Inbild, sondern um die eindeutige und wache Einstellung z. B. auf das Kreuzbein oder den 5. Lendenwirbel oder das Fersenbein und die Fußknochen.
Das wachsende Knochenbewußtsein hilft, nicht nur körperlich, sondern auch im weiteren Sinn zur inneren Fassung und Freiheit zu kommen, in sich hineinzugelangen. Vielleicht hält der Mensch es zunächst noch nicht bei sich aus – in seiner augenblicklichen psychischen Verfaßtheit und in seinem bisherigen Gewordensein. Es gibt erfahrungsgemäß die unüberlegtesten, verwegensten und geheimsten Fluchtversuche vor sich selbst. Mit Knochenbewußtsein läßt es sich besser zu sich stehen, zur eigenen Möglichkeit, zur eigenen Begrenzung.

Und jetzt das zum Nachdenklichwerden:
„Das Atmen der Heiligen findet mittels ihrer Ferse statt, das der Menge aber mittels des Halses“ (Stiefvater, Chinesische Atemlehre und Gymnastik, Haugverlag 1962, S. 38).

„Aus der Ferse
Ein Zaddik fragte den andern: ‚Was ist der Weg von Lechowitz?‘ (Anm.: Weg von Lechowitz, d. i. die Lehre des Rabbi von Lechowitz.) – ‚Der Weg von Lechowitz‘, war die Antwort, ‚ist, daß das Wort, wie's gesprochen wird, aus der Ferse springt. Da wird wahr, was geschrieben steht: ‚All meine Gebeine werden sprechen‘“ (Martin Buber, aaO., S. 619; Psalm 35,10).

Zum sechsten Prinzip: Widerstand/Widerstehen von den Füßen her

Der einfache Boden gilt als der normale, gegebene und notwendige Widerstand, ohne den kein Liegen, Sitzen, Stehen, Gehen und Bewegen möglich ist. Er genügt grundsätzlich für alle Übungen, die im Gehen die Füße bewußt werden lassen. Im Stehen gilt zunächst das gleiche, doch die Stehübungen erweitern sich unter Einbeziehung des Eschenrundholzes.

Das Eschenholz sowie auch Bambusstäbe können im Sitzen hilfreich sein, um einzelne Fußbereiche (innerhalb des Ganzen!) oder auch die Fußpunkte besonders anzusprechen. Im Liegen kann das Eschenholz unter dem Fußgelenkbereich oder auch dem Achillessehnengebiet als erhöhter Widerstand verwendet werden. Bei letzterem erweisen sich auch das Nudelholz oder die Lindenstäbe als geeignet.

Die Durchfühlrichtung ist bei den einzelnen Übungen jeweils näher zu bestimmen und gut zu beachten. Die eigene Material- und Schwingungsbeschaffenheit der verwendeten Hölzer bewirkt eine jeweils andere Art von erlebbarem Widerstand, zu dem auch die mehr gerundet-ruhende oder die schmale, langrunde Form beitragen. Die Beschaffenheit des Materials und die körperlich-seelische Verfaßtheit der Übenden treffen aufeinander, und es entsteht eine je einmalige Erfahrung im Umgang mit Widerstand. Dabei können zunächst – vergleichbar mit alltäglichem Erleben – Ängste oder Ablehnung hochkommen. Das verdichtet eigentlich nur die Frage nach dem Kreuzbein und den Füßen. Mit Widerständen läßt sich umgehen lernen.

Weder im Alltag noch bei den Übungen geht es darum, die Widerstände zu integrieren, sie in die eigene Haut zu nehmen, sondern darum, am Widerstand mehr zum Selbst zu kommen. Widerstände sind zum Werden gegeben. Im konkreten eutonischen Üben kann dies etwa so erfahren werden:

- Eine Ferse fühlt sich im Sitzen durch das Eschenholz, anschließend der mittlere und Zehensohlenbereich. – Wenn eventuell Oberschenkel und Bein oder auch die Seite insgesamt sonst als überladen und angestaut empfunden wird, kann sich über den verlebendigten Fuß die ganze Körperseite oder Teilbereiche als leichter und heller zeigen. Oder
- Fußgelenkbereiche fühlten sich durch das Eschenholz – und der Kopf liegt in Rückenlage danach einfacher und flächiger auf und wird als befreit erlebt. Oder
- Fußpunkte fühlten sich im Sitzen durch Bambusstäbe oder/und Matten zum Boden – und die Wirbelsäule erfährt sich gestärkt, und die Schultern konnten etwas lassen.

Alle diese Erfahrungen sind nicht machbar, aber so oder anders möglich, heute oder irgendwann, wenn die Übung sachgemäß angeleitet wird.

Natürlich wirken sich solche körperlichen Umwandlungen auch im alltäglichen Verhalten eines Menschen aus. Widerstand von den Füßen her kann in Ruhe eine Situation klären helfen; Widerstehen von den Füßen her schafft gewiß keine anderen „Machtverhältnisse", das ist nicht das Ziel dabei. Aber die Ohn-Macht, der viele Menschen ausgeliefert sind – sich selbst, ihren Ängsten und Zwängen gegenüber und auch den Spielregeln irgendwelcher Systeme –, erscheint nicht mehr hoffnungslos. Gertrud von Le Fort sagt: „Der Mensch braucht Erde unter den Füßen, sonst verdorrt sein Herz." Damit verweist sie auf die gottgewollte Natur des Menschen, der ohne Widerstand des Bodens und Widerstandskraft des Herzens nicht zu existieren vermag. Er vergeht, ohne einen konkreten Weg gegangen zu sein.

„Übungen mit diesem Prinzip erlebte ich anfangs äußerst unangenehm – eine Begrenzung von außen in gesteigerter Form. Erst als ich begriff, daß das Ablehnen der Widerstände (Anm.: Widerstands-Materialien) einen Zusammenhang zum Erleben hatte, konnte ich erfahren, daß die Annahme der Widerstände befreien und lösen kann. Welch ein Genuß, den Grundwiderstand, den Boden, nach dem Herausnehmen eines erhöhten Widerstandes zu erfahren! Die Lösung der Spannung erlebte ich befreiend und kräftigend.
Wie in allen Prinzipien der Arbeitsweise Rhythmus-Atem-Bewegung entdeckte ich auch bei dieser Übung mit Widerständen einen tieferen Sinn. Es ist letztlich nicht nur körperliches Übungsprinzip, sondern Lebensprinzip. Im Annehmen von Widerständen, im Hindurchfühlen, verlieren sich Schmerzen und Verspannungen. Die immer wieder erfahrene erlösende Atmung, die im Verlauf der Übung mit erhöhten Widerständen zu erleben war, zeigt, wie tief diese Übungsform innere Blockaden lösen und klären kann. Und so können Bereiche des Leibes neu beatmet werden, bei denen zuvor kein Durchkommen war.

Die Erfahrungen auf leiblicher Ebene hatten ihre Auswirkungen auch auf der seelisch-geistigen Ebene.

Eine meiner beruflichen Aufgaben ist die Krisenintervention. Bei der Arbeit mit dissozialen, aggressiven Jugendlichen erlebte ich, daß ich einen randalierenden Jungen über längere Zeit hinweg fest-halten konnte. Er war mir von den Körperkräften und von seiner mangelnden Selbstkontrolle bzw. enthemmter Rücksichtslosigkeit her haushoch überlegen. Diese Erfahrung, einfach durch ‚haltendes Dasein' sowohl Halt als auch Widerstand zu sein bis zu dem Zeitpunkt, in dem der Jugendliche zu seiner tatsächlichen Not durchdringen konnte und die zerstörerische Aggression aufgab, hat mich tief beeindruckt. Ich habe in solchen Situationen erfahren, daß mir seelisch und körperlich Kräfte verfügbar werden,

von denen ich vorher nichts wußte. Im Bei-mir-Sein vom Kreuzbein her und im Durchstehen mit den Füßen gewann ich die erforderliche Distanz und konnte so begrenzt lebendige Grenze sein.
Übungen mit erhöhten Widerständen sind Herausforderungen. Dadurch schulen sie auch für herausfordernde Situationen. Sie sind mir nach dem Kontaktnehmen am meisten als Übung eingefallen, und sie verhalfen mir neu, zu meinem Eigenrhythmus zu finden" (Helga Röther, 1990).

Zum siebten Prinzip: Ganzheitlich hören – mit wachen Füßen

Eine Überraschung! Innerhalb dieses Übungsweges „Rhythmus-Atem-Bewegung", der sich eindeutig an anatomischen Gegebenheiten orientiert, taucht ein Übungsprinzip auf, das zunächst nur im geistigen Sinn verstanden werden kann. Es ist das letzte und das erste der sieben Übungsprinzipien – und das durchdringende. Aber nur, wenn es leibgeistig verstanden wird, kann es auch recht angewendet werden.
Schon allein darin offenbart sich eine Ahnung, wie sehr es zur personalen Einheit beitragen kann. Es liegt aber auch Fremdheit darin, zugegebenermaßen, weil wir schon so sehr gewöhnt sind, zweigleisig und dual zu existieren: Leib und Seele haben getrennte Bereiche, für die sie als zuständig gelten. Gewiß lohnt es sich, die eigenen Gewohnheiten daraufhin einmal anzuschauen und zu prüfen.

- Auf innere Anweisungen hören.
- Hören auf meine innere Stimme.
- Hören, was sein soll.
- Hören, was sein oder nicht sein soll.
- Hören, was man soll. Wie komme ich dazu?
- Der Übende hört auf das, was ihm zu üben einfällt.
- Nur das üben, was einem einfällt.
- Ganzheitlich hören – mit wachen Füßen (s. o.).

Das sind einige Formulierungsversuche oder Umschreibungen, wie sie in Examensarbeiten auftauchen. Alle muten wie ein Mosaiksteinchen für das Gemeinte an. Zum ganzheitlichen Hören braucht es den ganzen Menschen, nicht nur ein isoliertes Hörorgan. Hören bedarf der Stille und des Bei-sich-Seins. Lärm und Zerfahrenheit verhindern, daß ein Mensch Wesentliches vernehmen kann. Zum ganzheitlichen Hören braucht es den ganzen Menschen – Leib und Geist und Seele ganz. Wenn ein Mensch

mehr unbewußt und wie abwesend in seinem Leib lebt, vor allem wie abwesend im Rücken und in den Füßen, bedeutet dies ein grundlegendes Hindernis für ihn zum rechten Hören und eine Ursache für taube Herzensohren. (Und die Fußsohlen gehören mit zum Rückwärtigen beim Menschen!) – „Stell dich auf deine Füße, so will ich mit dir reden“ (Ez 2, 1). Ohne leibhaftige Stille höre ich nichts.
Hören. Was in mir bringt sich da zu Gehör, verschafft sich Gehör? Welche Instanz in mir will gehört werden? Die Antwort darauf verweilt bei An-Deutungen, aber sie deuten in eine Richtung. Zunächst, es geht nicht um die Stimme eines moralischen Gewissens, die im Falle eines „Mißhörens“ dann auch Schuldgefühle zuweist. Es geht vielmehr um eine innere Stimme, um die Stimme einer inneren Lebensweisheit. Sie tönt nicht laut und manipuliert niemanden. Sie beschenkt aber mit klarer Gewißheit, wenn die innere Wahrnehmung „stimmt“. Das erinnert mich an eine Sendersuche beim Radio: Über unliebsame Nebengeräusche oder Mischklänge oder „auch gute Sendungen“ komme ich in den Bereich der Senderskala, die für mich jetzt stimmt. Dieses Bild bleibt, wie alle Vergleiche, einseitig, denn die Senderstimme wohnt ja in mir – auch in mir, aber ist nicht nur mir inwendig. Die Hörenden, die so ihre Aufmerksamkeit nach innen richten, sind bereit, sich führen zu lassen – vom Geist, vom Heiligen Geist, von einer Inspiration oder Intuition als innerer Führung. Der Psalmist weiß darum und sagt: „Dein Gesetz trag ich im Herzen.“ – Die heilige Hildegard fordert sogar auf: „Scivias – Wisse die Wege!“ – Und im Johannesevangelium (7,38) heißt es vom geistbegabten Menschen: „Aus seinem Inneren werden Ströme von lebendigem Wasser fließen.“
Hörende sind wach bei ihrem Kreuzbein und bei ihren Füßen; d.h. sie nehmen sich aus dem Vordergründigen zurück, damit Wesentliches zur Sprache kommt und ihr innerer Weg einstimmiger werden kann.
Gehörtes ist demnach nicht moralisch zu bewerten. Es handelt sich dabei ja nicht einfach um Wählen und Entscheiden zwischen „schlecht – gut – besser – vollkommen“. Aus dem Rechten das für mich jetzt Stimmige erspüren, dafür sensibel sein (sentire = hören auf italienisch!)! Entscheidend ist nicht, ob ich gut oder besser handle, diese oder jene „wichtige“ Übung mache, sondern ob mein „Herzensohr“ geöffnet ist. Unter dem, was mehr Leben ermöglicht, kann ich lernen, das für mich jetzt Stimmige herauszuhören.
Das siebte Übungsprinzip verweist darauf, daß Übende auf dem Übungsweg eigene Verantwortung übernehmen. Die Freude daran wächst mit immer wieder geübtem Hören und Sich-führen-Lassen ebenso wie die

Gabe der Unterscheidung. Naturgemäß führt es dahin, bescheiden zu sein, eigene Begrenztheiten und Fähigkeiten anzuerkennen, Mißverstehen und Mißhören vom wirklichen Verstehen und Hören zu unterscheiden, das Vergleichen mit anderen und anderem zu lassen, um Vergebung zu bitten, vertrauen zu können.
Jede/r macht wegwärts und unterwegs je eigene Erfahrungen mit dem Hören, dem Gehörten und Gehorchen. Die nachfolgenden Erfahrungsschilderungen können ermutigen, sich auf das ganzheitliche Hören, das Hören mit wachen Füßen, einzulassen.

„Im 7. Prinzip wird deutlich, wie sehr der Mensch ein ganzer ist. ‚Höre, so wird deine Seele leben' (Jesaja). – Ich übe zu hören, probiere und erprobe mein inneres Ohr und spüre, daß ich mich auf mich verlassen und meinem Empfinden trauen kann; treu zu mir stehen kann. Mein Hören wird dadurch immer mehr zu einem Gehorchen.
Auch heute noch habe ich oft Scheu vor meinem eigenen Mut, und der Gedanke, daß das Neue zu plötzlich die Oberhand gewinnen könnte, ängstigt mich. Diese Spannung ist auszuhalten. Kraft dazu kommt aus dem täglichen Üben und der entsprechenden Einstellung im Alltag. Hier darf körperlich eingeübt werden, was sich in seelischen Vorgängen vollenden kann. Die Wandlung erfahre ich in erster Linie als eine langsame Befreiung von Zwängen. Das Vorwärtskommen ereignet sich nicht kontinuierlich. Oft geben Stillstand oder Stagnation das Gefühl, ganz am Anfang zu stehen. Mein alter Perfektionismus, den ich natürlich in das Üben mit hineingenommen hatte, behauptet sich immer wieder. Bescheiden und mit kleinen Schritten zufrieden sein – daraus ergibt sich an manchen Tagen, oft völlig unerwartet, eine Klärung im Körperlichen, Geistigen oder Seelischen.
Durch den Vergleich der geübten mit der noch nicht geübten Seite bei den Übungen am Boden entwickelt und stärkt sich mein Unterscheidungsvermögen. Das Hören auf die eigene innere Stimme wird differenzierter, genauer. Die körperliche Not-Wendigkeit teilt sich mit; die jetzt angezeigten Übungen werden mich letztlich zu mir selbst zurückbringen. Im Kontakt zum Nächstliegenden (Boden, Kleidung u. a.) und mit Hören auf das, was ich soll, erwacht das Wunder: Das Festgefahrensein des Bewußtseins kann sich lösen, Selbstvertrauen wächst, die innere Landschaft verändert sich und gewinnt an Weite. Wenn ich mir selbst Leben zugestehen kann, beginnt wie von alleine das Lassen, weil viele Dinge ihre Wichtigkeit verlieren; anderes rückt in den Vordergrund.

Glück und Reichtum bedeuten mir das Zulassen meiner selbst, das Zulassen meiner Mitmenschen und der ganzen Schöpfung in all ihrer Vielfalt und Eigenart.
Wenn ich frei bin zum Hören, so empfange ich die Pflicht, dann auch zu tun, was ich soll. Die Norm und das ‚Fremde', nicht mir Zugehörige, dienen dann nur noch dazu, das Eigene zu erkennen, anzuerkennen. ‚Werden ist die Lieblingsformel meines Lebens' (Teilhard de Chardin). Durch die von innen her mitgeteilte Notwendigkeit des Körpers kann ich als ganzer Mensch begreifen, was aufgerufen werden soll zum Wandel, zum Lassen und zum Werden" (Elisabeth Engelbach, 1990).

„‚Nur üben, was einfällt!' bedeutet, daß ich mir die Übungen weder nach ‚vernünftigen' Gesichtspunkten noch nach einer therapeutischen Reihenfolge auswählen sollte. Da jede Übung jederzeit eine andere, meiner derzeitigen Verfassung entsprechende Wirkung haben kann, kann ich im voraus nicht wissen, was heute für mich richtig ist. Manchmal kann eine ganz ‚einfache' Übung umfassende Wirkung haben und mir bisher unzugängliche Bereiche eröffnen. Umgekehrt kann das ‚Herumbohren' an schmerzenden Stellen noch mehr blockieren, weil es einfach noch nicht an der Zeit ist, daß sich der Schmerz auflöst.
Schon mehrfach habe ich die Erfahrung gemacht, daß mir eine fast vergessene Übung wieder einfiel und genau passend war. Ich habe aber auch erfahren, daß ich nach dem Kontaktnehmen glaubte, noch weiterüben zu müssen, dann aber spürte, daß ich nicht mehr die nötige Aufmerksamkeit für die Übung aufbringen konnte. Vor allem beim erweiterten Fühlen und bei der Bewegung ist es wichtig zu spüren, wie weit ich heute gehen darf. Ohne dies zu beachten, kann ich den Bodenkontakt verlieren, oder die Bewegung geschieht mit falschem Krafteinsatz, weil sie vom Willen gesteuert wurde (siehe 2. und 3. Prinzip).
Das Üben des siebten Prinzips erfordert eine ständige innere Aufmerksamkeit für das, was jetzt ist, was jetzt sein soll oder nicht sein soll. Die meisten Menschen haben ein inneres Bestreben, zur Ordnung und zur Ganzheit von Leib, Geist und Seele zu kommen. Dieses Streben richtet sich nach höheren (oder tiefgründigeren) Gesetzen, als sie unser Intellekt allein begreifen kann – und hat Anteil an einer größeren Einheit. Durch wache, unvoreingenommene Aufmerksamkeit für die innere An-Ordnung (die sogenannte innere Stimme) kann Ordnung entstehen. Wir brauchen dabei nicht auf Sensationen zu warten. Es sind vielmehr die ganz kleinen Dinge, die unsere Aufmerksamkeit erfordern.

Nach meinem Verständnis gehört zum Umgang mit dem siebten Prinzip auch die Demut. Demut verstanden als der Mut, das Gehörte wirklich zu befolgen, ohne sich durch Zweifel oder von außen kommende Vorbehalte beirren zu lassen. Ich habe erfahren, daß das Zulassen der inneren Stimme völlig neue Dimensionen eröffnet und Verhaltensweisen bewirkt, die ich mir selbst bisher nicht zugetraut habe, weil Vorsicht und Angst es verhinderten. Wichtig beim Hören und Gehorchen ist, die Kraft der Unterscheidung zu üben, denn oft verhindern viele ‚Ratgeber' und ‚Besserwisser' in uns selbst, daß wir das Wesentliche hören und das richtige Maß finden. Dafür brauche ich Füße und einen eigenen Standpunkt" (Beate Jäger, 1990).

„Auf die Frage, welche Übung ich heute machen sollte, hörte ich lange Zeit nichts. Ich versuchte es mit irgendeiner Übung und hatte danach auch das Gefühl, mein ‚Soll' für heute erfüllt zu haben – und war mit mir zufrieden. Hier war die Übung – und dort mein Alltag, sie gehörten nicht zusammen. Durch neue Erfahrungen während der Ausbildung wurde mir deutlich, daß ich nicht spüren kann, was ich soll, wenn ich keinen Kontakt habe (Prinzip 1). Indem ich zuerst mich im Kontakt wahrnehme (Wo und wie bin ich da?), bin ich wacher und mehr bei mir, und ich habe so die Möglichkeit zu hören, was ich soll.
Zur Bereitschaft des Hörens gehört auch die Unterscheidungskraft. Wenn ich einen ‚Einfall' habe, muß ich wachsam damit umgehen und fragen, ob nicht meine Wünsche oder Ängste dahinterstecken. Damit meine ich nicht, jedem Impuls mißtrauisch zu begegnen, sondern ihn im guten Dasein zu prüfen. Ihn dann auch anzunehmen und gehorsam zu handeln, fällt mir nicht immer leicht. – Auf dem Weg ‚Rhythmus-Atem-Bewegung' wurde ich ohne große Worte zur Unterscheidungsfähigkeit hingeführt – gemäß meiner jeweiligen Aufnahmebereitschaft. Eine Möglichkeit zu erkennen, was ist – und was ist nicht (also Unterscheidungsfähigkeit), gibt mir im leibhaftigen Bereich das Kontaktnehmen von Bein und Fuß zum Boden mit dem anschließenden Vergleich der geübten Seite mit der ungeübten. Da ich das Wahrgenommene bewußt haben und (zumindest innerlich) benennen muß, kann sich der ordnende Prozeß im Leibbereich auch auf den geistigen Bereich übertragen. – Wenn ich manchmal im Alltag sehr beschäftigt und dadurch nach vorne fixiert bin, kann ich nicht oder kaum hören, was ich tun oder lassen soll. Ich suche dann meine Fersen und Füße auf, versuche meine Augen vom Hinterkopf her zu beachten, damit ich mehr im rückwärtigen Körperbereich und so mehr bei mir sein kann.

Dann vermag ich eher auf mein Inneres zu hören. Seit ich versuche, so zu leben, werden viele Aufgaben leichter – und das Leben unkomplizierter" (Brigitte Loos-Hostens, 1990).

Ein Mensch also, der hört, genügt sich nicht selbst. Er hat sich nicht aufgeladen mit vorgefaßten Meinungen, festen Vorstellungen und angelerntem Reichtum. Hören mit wachen Füßen schützt davor, die innere Lebensweisheit mit Laune oder Logik zu verwechseln oder nur auf geniale ‚Einfälle' zu warten. „Wenn einer Ohren hat zum Hören, so höre er! Weiter sagte er: Achtet auf das, was ihr hört!" (Mk 4, 23f). Mit dem Psalmbeter antwortet das innerste Herz: „Dein Wort ist meinem Fuß eine Leuchte" (Ps 119, 105).

Kapitel 4
Der Weg wächst im Gehen unter deinen Füßen, wie durch ein Wunder

Die Fußwaschung – ein Weggeschehen

Ins Leben helfen – auf den Lebensweg geleiten! Dieser Hebammendienst geschieht an uns nicht nur in der Geburtsstunde. Geburtswege, Geburtsängste, Geburtsbefreiungen begleiten uns ein Leben lang und durch den Tod hindurch. Lebenslänglich entwickelt sich das Wunder der Menschwerdung. In jeder Lebensphase des Erwachsenen, die im körperlich-geistig-seelischen Bereich einen Zuwachs an bewußter Integration bringt, faltet sich die erste Geburt weiter aus. Menschwerdung bedarf behutsamer, eindeutiger Begleitung – durch Menschen, die auf tieferer Ebene erfahren haben, was es um Leben und Menschsein, was es um Unterwegssein im Leben ist. Das Helfen geschieht um des Lebens und der Lebendigkeit willen und erübrigt sich weitgehend, wenn das, was alltäglich im Leben erfahrbar ist, selbst hilfreich wird zu größerer Lebendigkeit.
„Bei Gott ist die Quelle des Lebens" (Ps 36, 10). Der mütterlich-väterliche Gott kann nicht anders, als alle ihm innewohnende Lebenskraft und Lebensfreude auch außerhalb von ihm Gestalt gewinnen zu lassen: in Formen und Farben der Natur, in Energien und Räumen der Schöpfung, in unzähligen unscheinbaren oder faszinierenden Menschenwegen. In der bewußt gelebten Rückbindung an ihn, in herzlicher Rückschwingung gewinnt ein Geschöpf – und dazu ist nur der Mensch fähig – den Selbstand, die Freiheit, das Leben in Fülle. Jesus von Nazaret ließ in sich selbst aufleuchten, was Leben in Fülle bedeutet – und er wollte, daß auch wir nicht auf Sparflamme, sondern im Vollmaß leben sollten.
Vielleicht mögen Sie beim Lesen dieses Artikels jetzt eine Zwischenlektüre einschalten – oder Sie erinnern sich an den Bericht von der Fußwaschung im Johannesevangelium 13, 1–17. So, wie Jesus diesen Männern in seiner Gefolgschaft und Weggemeinschaft die Füße wäscht, mutet es mehr wie ein Hebammendienst an, weniger wie ein Sklavendienst. Die Menschen geraten nicht durch eigene Leistung, sondern durch Jesus und sein Tun in eine ganz neue, völlig veränderte Lebenslandschaft hinein. Altgewohntes und früher Erfahrenes greifen nicht mehr. Gelernte Verhaltensregeln erscheinen wie leere Hülsen. Jetzt aber sind Hohes und Niederes gleichwertig geworden und kommen in Jesus in „eines". Für die

Männer „aus dem schmalen Landstrich“ ist das Ganze zunächst unfaßbar. Und Petrus widersteht dem Ergriffenwerden vorderhand: „Du willst mir die Füße waschen? Das habe ich bisher immer alleine gemacht.“ Indem Jesus das Wasser gebraucht, die Füße in seinen Händen hält und wendet, sie im wörtlichen Sinn behandelt mit reinigendem Wasser, geschieht das innere Wunder: Petrus gewinnt Anteil am Leben Jesu, an Jesus selbst. „Wenn ich dich nicht wasche, hast du keinen Anteil an mir“ – wenn ich dich wasche, gewinnst du Anteil an mir, an meinem Leben, an meiner Gesinnung, an meinem Weg und meiner Wahrheit. – Jesus grenzt sich aber ebenso in gesunder und erfrischender Weise ab, als Petrus ihn vereinnahmen will, weil dieser – unerleuchtet, wie er noch war – das Tiefste nicht im Geringen und Einfachen zu sehen vermochte: „Herr, dann nicht nur die Füße, sondern auch die Hände und das Haupt.“

Jesus wirkt als heil-samer Mensch. Er hilft anderen ins Leben und zur Lebensfülle durch sehr einfache, alltägliche Handlungen, in denen sein göttliches Wesen und Herz aufleuchten. Das wird zu Beginn dieser Evangelienperikope deutlich (Joh 13, 1–3). Einer, der ihn „ausliefert“, hindert ihn nicht daran, seine Liebe bis zur Vollendung zu leben. Jesus weiß sich mit seinem ganzen Sein in Gott beheimatet. Er ist sich seiner voll, im umfassenden Sinn, bewußt und kennt in göttlicher Weisheit seinen Lebensauftrag, trägt „seine Stunde“ im Herzen. In Vers 17 preist Jesus die Menschen selig, die in ähnlicher Bewußtheit handeln. Etwas verfremdet könnten sich diese Seligpreisungen so anhören:

- Selig, die sich dessen bewußt sind und danach handeln: Der Sklave ist nicht größer und nicht kleiner als sein Herr.
- Einander die Füße waschen und waschen lassen ist der gleiche Dienst.
- Die, die anderen ins Leben helfen, sind nicht wichtiger als die, denen ins Leben geholfen wird.
- Die Geborenen sind nicht lebendiger als die noch Ungeborenen.
- Die Füße sind nicht weniger bedeutsam als das Haupt, der Kopf.

Es geht um das Ganze, nicht um das vermeintlich Wichtige. „Ich habe euch ein Beispiel gegeben, damit auch ihr so handelt, wie ich an euch gehandelt habe“ (Joh 13, 15). Dieses Wort wirkt und leuchtet als Wegweisung auf dem Lebensweg.

Ins Leben helfen. Tauglich dazu sind gewiß Menschen in dem Maß, in dem sie selbst einfach und wirklich leben, sich mit Leben in Fülle beschenken lassen. Leben läßt sich, Gott sei Dank, nicht machen, wohl aber ein Leben lang lernen. Wenn Mutter und Vater das Neugeborene warm und herzlich umarmen, mit der Haut liebkosen, mit leuchtenden Augen anschauen und annehmen – das läßt leben. Wenn die feste und entschiedene Berührung der Hebamme mit flacher Hand auf die Fußsohle des Neugeborenen (in Südamerika!) gute Kräfte des Widerstandes in ihm weckt – das läßt leben. Wenn eindeutige und freundliche An-sprache mit dem eigenen Namen das Kind ein Leben lang begleitet, bis es weiß, wie es heißt und wer es ist und wer es werden soll – das läßt leben. Wenn auf einem Übungsweg der ganze Mensch gleichgewichtig von Kopf zu Fuß gemeint ist – das läßt leben.

Mich überraschen immer wieder im Frühjahr kleine goldene Löwenzahn- und Huflattichblüten, die von einer unbändigen Wurzelkraft ins Licht geschoben wurden und sich dabei durch eine dichte Asphaltdecke hindurchzwängt. Leben hilft sich – so wie bei den Frühjahrsblühern – oft selbst, weil es lebendig ist von Grund auf. Aber es muß sich vielfach durch selbst- oder fremdgeschmiedete Panzerringe und Betonschichten hindurch einen Weg bahnen. In diesem leibhaftigen Lebensprozeß bewahrheitet sich das Wort von Gabriel Marcel: „Der Leib ist die gelebte Zeit.“ So wie der Leib sich gestaltet hat in Klarheit, Bewußtheit, Verhärtung, Dumpfheit, Wachheit, Kopflastigkeit, Gegründet-Sein, Außer- oder In-sich-Sein u.a.m., so läßt sich analog auch der seelisch-geistige Bereich im Menschen vermuten. „Die Seele des Menschen kommt im Leib und in dessen Bewegungen zum Ausdruck“ (Karl Jaspers). Oder wie ein Pfarrer als Eutonie-Kursteilnehmer sagte: „Ich hätte nie gedacht, daß die Seele so viel mit dem Leib zu tun hat. Das habe ich hier zum ersten Mal erfahren, daß Geistliches über den Leib geschieht.“

Solche oder ähnliche Aussagen, hinter denen ja eine persönliche Erfahrung liegt, verursachen in meinem Herzen einen kleinen oder großen Jubel. Da geht Leben weiter. Da wächst das Wunder des Weges! Endlich! – Umgekehrt droht sich manchmal eine Traurigkeit einzuschleichen, wenn nichts mehr weitergeht, alles stagniert, Veränderung und Bewegung nicht mehr für notwendig gehalten werden – in einzelnen Menschen und Gemeinschaften, in kleinen oder großen Institutionen. Da bin ich dankbar, daß Löwenzahn und Huflattich mich Geduld und Hoffnung lehren!

Einander die Füße waschen – sich voneinander die Füße waschen lassen! Das Bild der Fußwaschung bringt ein anderes Bildwort der Schrift in Erinnerung: „Wie willkommen sind die Füße der Freudenboten, die den Frieden verkünden“ (Jes 52, 7). Willkommene Füße! Eine ritualisierte Fußwaschung ist heute und in unseren Breitengraden nicht gefragt. Sich selbst den Dienst angedeihen lassen, die eigenen Füße täglich willkommen zu heißen in einer Bewußtseinsübung, bewegt auf dem Lebensweg manches auf Ausgleich und Frieden hin, für sich und andere. Ein spürbares Wunder, wenn nicht mehr allein der Kopf den Ton angibt! Wenn das „klare Wasser des Bewußtseins" die Fußsohle übend berühren darf – immer wieder und täglich neu –, bahnt sich das Wunder des Weges geheimnisvoll an.

Der Weg – ins Weglose

Ein Verkehrsnetz von geteerten und beschienten Landwegen und von computergesteuerten Luftwegen läßt uns heute fast unbegrenzt „mobil" sein. Wo es keine Wege und Straßen gibt, helfen sich Menschen über entstehende Trampelpfade oder gebrauchen Flußläufe, um von Ort zu Ort zu gelangen. Menschsein heißt, sich bewegen können, in Bewegung sein, nicht an einen Standort wie ein Baum gebunden sein. Die Verwurzelung des Menschen verhindert nicht seine Beweglichkeit.
Aber kein Lebensweg eines Lebenden ist jemals schon begangen gewesen. Jeder ist erstmalig, einmalig und noch nicht existierend. Er läßt sich tatsächlich nur so weit überschauen, wie er zurückliegt. Alle Zukunftsvisionen, auch die bescheidenen, entbehren noch der Realität.
„Wanderer, nur deine Spuren
sind der Weg, sonst nichts.
Wanderer im Wegelosen,
Schritte werden Weg"
(Antonio Machado, span. Dichter, 1875–1939; zitiert nach: J. Bours, Ich werde ihm den Morgenstern geben; Herder Verlag, Freiburg 1990, S. 190).
„Zu den Gleichnissen, die ich seit Jahrzehnten am häufigsten in Romanen, Essays und Vorträgen benutzt habe, gehört eines, in denen es sich um eine Brücke handelt, die nicht existiert, sondern sich Stück um Stück unter den Schritten dessen ausbreitet, der den Mut aufbringt, seine Füße über den Abgrund zu setzen ..." (Manès Sperber, ebd.).
Fast lassen sie erschauern, diese Schritte des Vertrauens! Die noch nicht vorhandene Brücke spannt ihren Bogen im gleichen Maß und Tempo über den Flußlauf, wie der Mensch vertrauend Fuß vor Fuß setzt. – Die Wellen tragen einen Petrus, der aus dem gefährdet-gesicherten Boot auf einen Anruf hin aussteigt, so lange, wie er sein Auge vertrauend auf Jesus ausgerichtet hält, auf das Ziel der Liebe, die ihn rief. – Im Anruf, im Anrufenden liegt die Kraft und der Segen des Getragenwerdens für die Angerufenen

Sie liegt nicht im eigenwilligen Wollen, und sie gelangt im Gehorchen auf den inneren Anruf zur sicheren Entfaltung.

Weg im Weglosen – weil der Weg erst wächst. Wie ein Wunder. Der Mensch, der sich – so wie Petrus auf das Meer – auf seinen Lebensweg begibt, vertraut auf den Anruf und das innere Geführtwerden. Das ist die eine, vielleicht noch sehr verborgene Seite des Wunders. Die andere Seite erscheint zunächst einsichtiger und klarer. Da setzt sich dieses Wunder – wie ein Webmuster – offensichtlich aus den Farben der Gewißheit und Bescheidenheit und des Vertrauens in die eigene Entscheidung zusammen. Beide Seiten im Verbund ergeben das Wunder, das Webmuster für das Wunder des wachsenden Weges.

Der wachsende Weg führt in noch nicht begangene Lebenslandschaft – wenn du gehst, mit Füßen gehst. Die gehenden Füße sind dein Boden. Sie bewirken den Halt auf dem Weg, den du vertrauend Schritt für Schritt gehst. Es ist heilsam und notwendig, jeden Schritt achtsam zu tun, ihn auszukosten, auszuleben (wie beim Aufsetzen der Fußsohle von der Ferse zu den Zehen hin – oder wenn du rückwärtsgerichtete Schritte machen solltest, die gewiß notwendig werden unterwegs, wie von den Zehen zur Ferse hin). Unbedachte „Wanderer im Weglosen“ mögen vielleicht schon zum übernächsten Schritt gedanklich vorausgeeilt sein, während der Fuß hier und jetzt aufsetzen sollte, aufsetzt. Achtung – ob der Weg wirklich mitgewachsen ist oder der Brückenbogen tatsächlich kommt! Vorauseilen tun beide nicht, auch wenn du mit Kopf oder Schultern voranstürmen möchtest.

Gut und heilsam spürt es deine Seele, wenn du den Weg eines einzelnen Tages am Abend aus der Rückschau noch einmal vom Morgen bis zur Tagesneige an deinem inneren Auge vorbeiziehen läßt. Du kannst einfach zeitlich ordnen, was du an Schritten tagsüber gegangen bist – ohne zu werten, ohne zu beurteilen. Dieser so geordnete und versammelte Tag läßt sich vertrauend dem überantworten, der als Rufer und Anruf dein Leben bewegt. Du selbst bist der leibhaftige Weg deines Tages – und deines Lebens.

Das Wunder des Einfachen: Stell dich auf deine Füße

Dieses Wort beansprucht den Propheten ganz und fordert ihn heraus. Ezechiel soll sich nicht anbetend verneigen oder schweigsam in sich kehren. Es ist so einfach, was der Gott des Lebens von ihm erwartet: „Stell dich auf deine Füße, so will ich mit dir reden" (Ez 2, 1). Jahwe hat sich selbst als den Gott bezeichnet, „der da ist". „Ich bin der, der ich dasein werde", lautet eine andere Übersetzung dieses Gottesnamens. Gibt es vor dem unendlichen Geheimnis Gottes nichts Angemesseneres, Passenderes, als sich auf die Füße zu stellen?! Sich bewußt auf die Füße stellen läßt den Menschen ebenfalls *dasein.* Im Maße, in dem er sich bewußt auf bewußte Füße stellen kann, wird er immer mehr zu einem, der im Leben und vor Gott „da ist", gegenwärtig ist.

Ich erlebe hin und wieder Menschen, die wie abwesend wirken, obwohl sie sich auf ein Gespräch eingelassen haben. Sie wirken von den Augen oder Füßen oder Händen her unruhig – vielleicht weil sie augenblicklich nicht sagen können, daß sie jetzt keine oder nur begrenzt Zeit haben. Von den Füßen her dasein heißt auch, sich gegenwärtig werden lassen für eine Gesprächspartnerin, einen Gesprächspartner im menschlich-sozialen Bereich. Aufgerichtet auf den Füßen stehen als Frau, als Mann, im Maß meiner Lebendigkeit im Leben wirklich anwesend sein, läßt zur Partnerin, zum Partner Gottes werden. So einfach – weil ich für ihn ansprechbar bin.

Aufgerichtet auf den Füßen stehen. Es macht mich eines Ortes gewiß, von dem aus ich mich dem Wunder des wachsenden Weges anvertrauen kann. Ich bin nicht eine/r „zufällig" in die Luft, in die Zeitgeschichte Hineingehaltene/r, ohne Boden, ohne Weg unter den Füßen. Ich bin in meinem Wesen gemeint und deshalb geliebt. Das läßt mich stehen – auf meinen Füßen.

Weder am Boden kleben, auf der Stelle verharren, lohnt sich, obwohl das Hier und Jetzt und die Erde überhaupt (oder manchmal) so bezaubernd schön sind – noch in die Luft entschweben und den Staub und die Steine unter sich lassen verheißt den großen Preis, obwohl es manchmal besser wäre, „aufgelöst und bei Christus zu sein", so der Apostel Paulus.

Vielleicht will sich an manchen Tagen Angst einschleichen wie bei einer neuen Geburt oder einem neuen Sterben, und ich brauche eine Hand – wie Petrus. Wenn ich nach Jahrzehnten auf den gegangenen Lebensweg zurückschaue, so war es „kurz" nach der ersten Geburt, daß ich leibhaftig auf die Füße kam, weil körperliche Anlage und bewußt-unbewußter

Wille zur aufrechten Freiheit mich dessen befähigten und weil stehende, gehende Menschen um mich waren. Seither kann ich mit aufgerichteten Augen nach vorne, wegwärts schauen. Und heute? Ich stelle mich auf meine Füße. Täglich neu. „Rede, Herr, dein Diener, deine Dienerin hört" (nach 1 Kön 3, 9). In der Kraft dieser Speise, in der Kraft deines nährenden Wortes, gehe ich und lasse mich den Weg führen, der wie ein Wunder unter meinen Füßen wächst.

Anhang

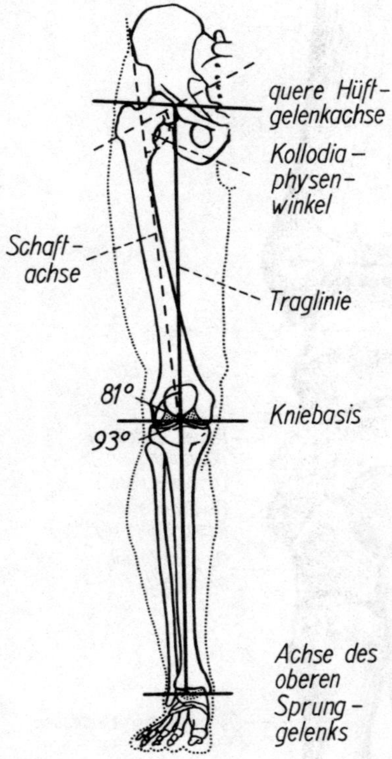

Abb. 1. Konstruktionslinien des Beines. Die Traglinie fällt nur im Unterschenkel mit dessen Längsachse zusammen. Im Oberschenkel bilden Längsachse des Femur und Traglinie einen spitzen Winkel.

(Aus: Voss/Herrlinger. Taschenbuch der Anatomie, Band 1, G. Fischer Verlag, Stuttgart, 18. Auflage 1985, S. 173)

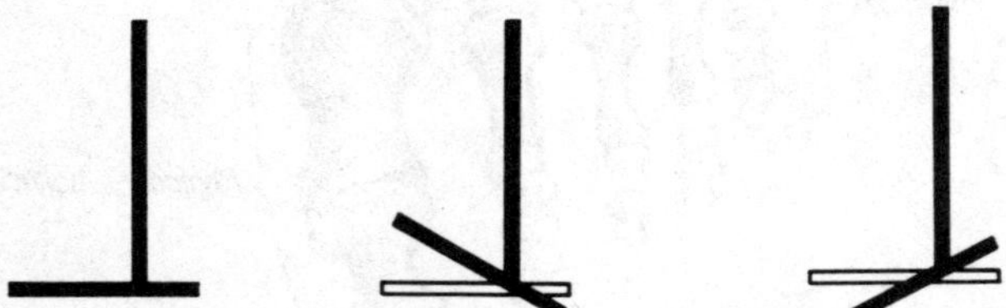

Abb. 2. Stellungen des Fußes im oberen Sprunggelenk.

(Aus: Voss/Herrlinger, Taschenbuch der Anatomie. Band 1, G. Fischer Verlag, Stuttgart, 18. Auflage 1985, S. 212)

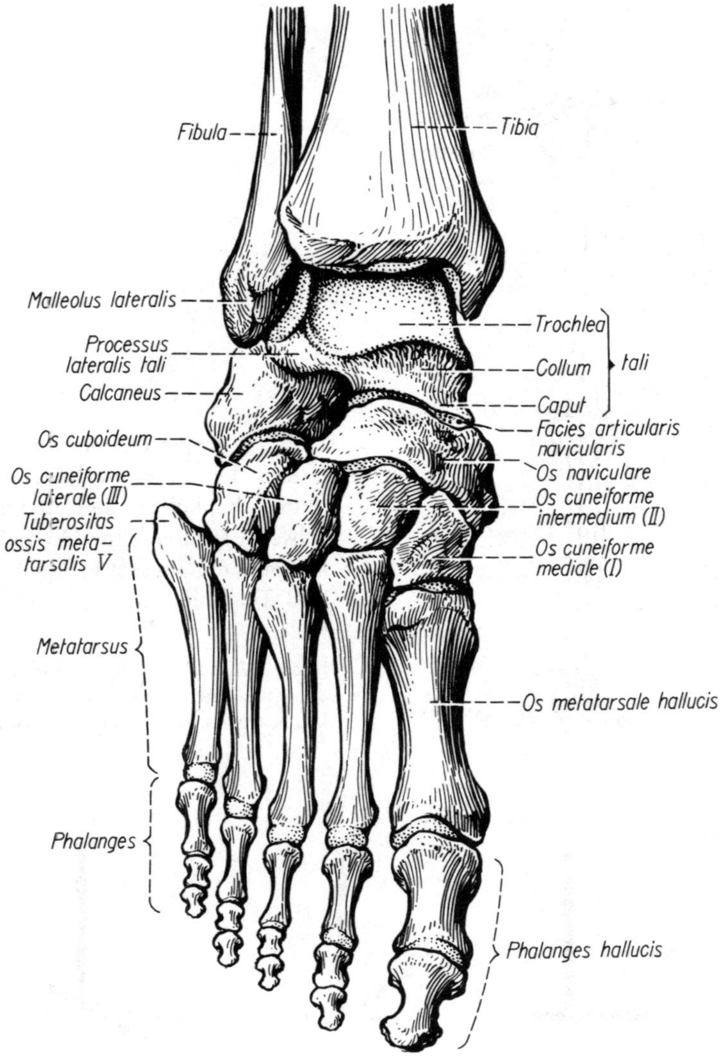

Abb. 3. Skelet des rechten Fußes, von dorsal.

(Aus: Voss/Herrlinger, Taschenbuch der Anatomie, Band 1, G. Fischer Verlag, Stuttgart, 18. Auflage 1985, S. 214)

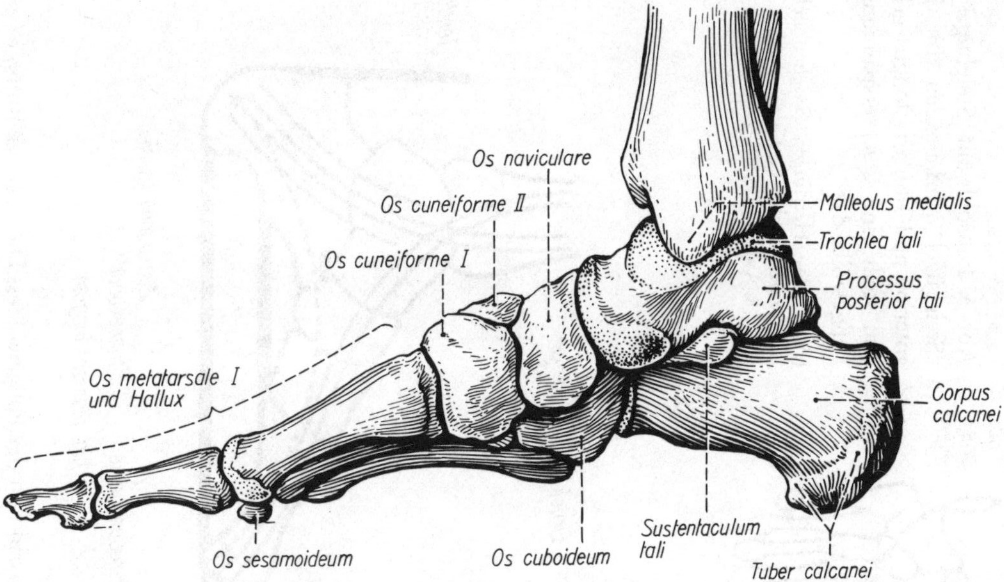

Abb. 4. Skelet des rechten Fußes, von medial.

(Aus: Voss/Herrlinger, Taschenbuch der Anatomie, Band 1, G. Fischer Verlag, Stuttgart, 18. Auflage 1985, S. 215)

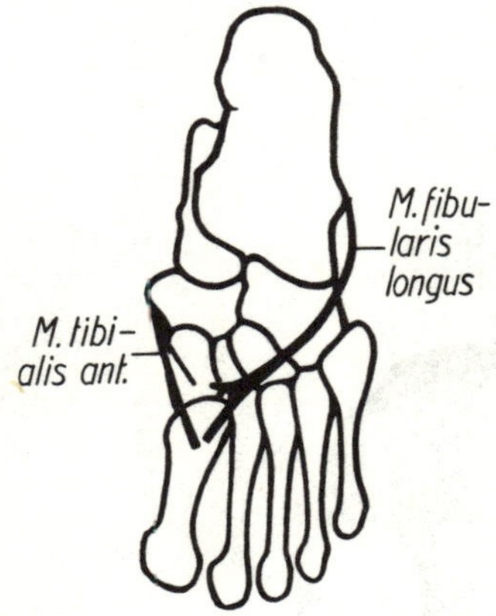

Abb. 5. Fußsohle mit „Steigbügel“. Der „Steigbügel“ wird aus den Mm. tibialis anterior und fibularis longus gebildet und stellt eine Querverspannung der Fußgewölbe dar.

(Aus: Voss/Herrlinger, Taschenbuch der Anatomie, Band 1, G. Fischer Verlag, Stuttgart, 18. Auflage 1985, S. 223)

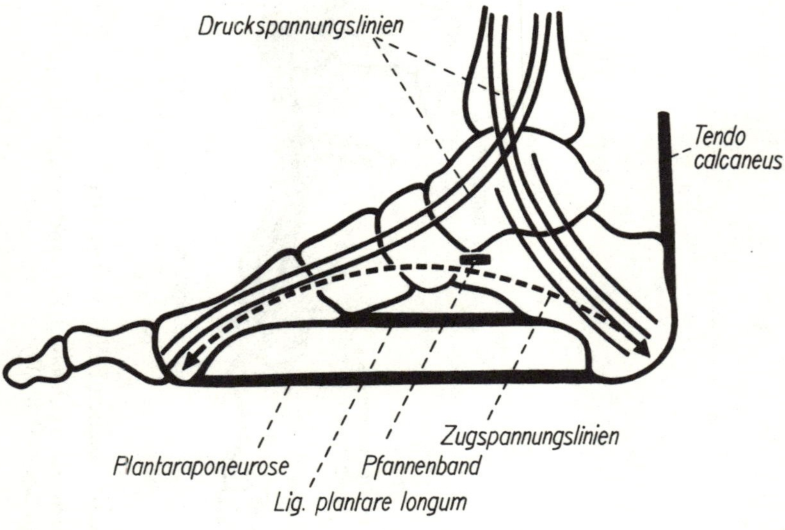

Abb. 6. Konstruktion des Fußgewölbes. Die Last des Rumpfes erzeugt eine Druckspannung, das Fußgewölbe Zugspannungen.

(Aus: Voss/Herrlinger, Taschenbuch der Anatomie, Band 1, G. Fischer Verlag, Stuttgart, 18. Auflage 1985, S. 237)

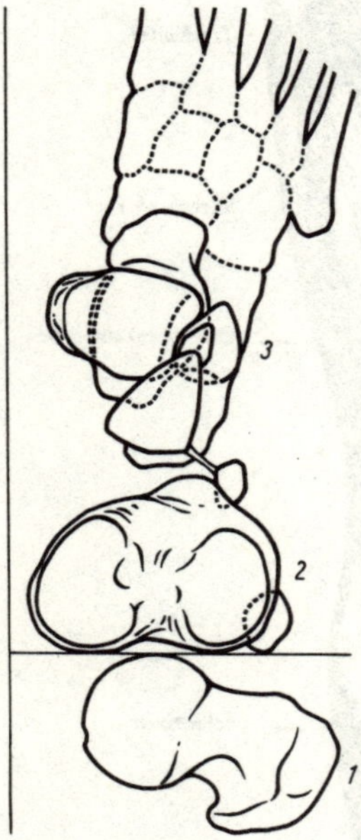

Abb. 7. Lage des Femurhalses, der Tibiakondylen und des oberen Sprunggelenkes zueinander beim aufrechten Stehen. Die Tibiakondylen stehen in der Frontalebene. 1 = Femurhals, 2 = Tibiakondylen, 3 = oberes Sprunggelenk und Fuß.

Abb. 8. Lage der großen Gelenke und der Schwerkraftlinie des Körpers zueinander. Kopfgelenke, Schulter-, Hüft-, Knie- und oberes Sprunggelenk sind durch Punkte gekennzeichnet. S = Schwerkraftlinie des Körpers.

(Aus: Voss/Herrlinger, Taschenbuch der Anatomie, Band 1, Fischer Verlag, Stuttgart, 18. Auflage 1985, S. 240)

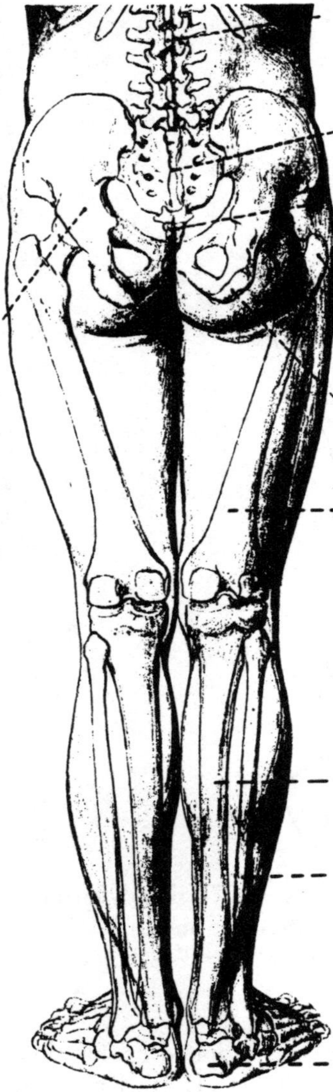

Abb. 9. Knochen im Lenden- und Beckenraum und in den Beinräumen.

(Aus: H. Lipppert, Anatomie, Text und Atlas, 5. Auflage 1989. Urban & Schwarzenberg, München–Wien–Baltimore)

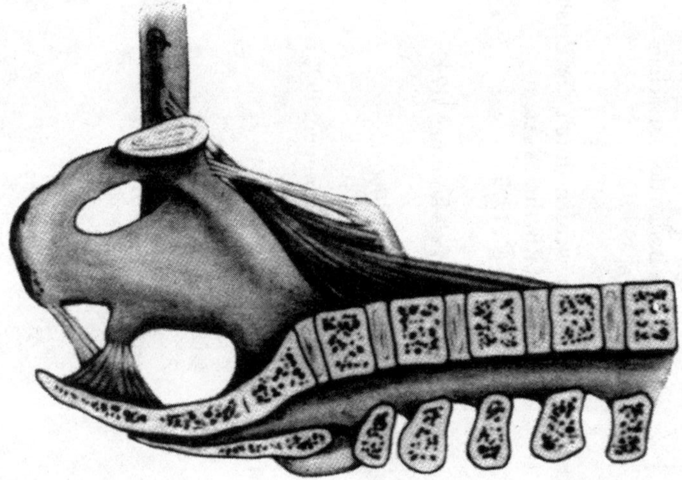

Abb. 10. Streckung der Lendenwirbelsäule durch Anwinklung des Oberschenkels. (Schema. – Nach Rö-Aufnahmen gezeichnet.)
„Offensichtlich ist die LWS-Einstellung an die Größe des Winkels zwischen LWS und Oberschenkel gebunden."
(Johannes L. Schmitt, Atemheilkunst, Humata-Verlag, Bern 1981, S. 235)

Verzeichnis der zitierten Diplomarbeiten

Hilda Dombrecht, B-Vurste/Gent	„Rhythmus-Atem-Bewegung“: Ein Weg zur inneren Freiheit, 1990
Marlene Eichhorn, Hoppstädten	Die Bedeutung des Kreuzbeins, 1986
Elisabeth Engelbach, Waldems	Lassen und Werden, 1990
Beate Jäger, Kassel	Auf den Boden der Tatsachen kommen, 1990
Brigitte Loos-Hostens, Forbach	Einfach werden durch die Erfahrung in „Rhythmus-Atem-Bewegung“, 1990
Ursula Oberle, Bruchsal	In mein Haus kommen, 1990
Helga Röther, Bruchsal-Büchenau	Abgrenzung, 1990
Margot See, Kürten-Waldmühle	Auf die Füße kommen, 1990

Verzeichnis der Übungen aus den beiden ersten „Übungsbüchern zur Scharing-Eutonie“, die dem Thema dieses Bandes entsprechen: